Running on Empty No More：

Transform Your Relationships With Your Partner, Your Parents and Your Children

童年情感忽視・實戰篇

長大後的我，如何和伴侶、孩子、父母，建立情感連結？

鍾妮斯・韋伯博士 *Jonice Webb*——著
張佳棻——譯

童年情感忽視自我評量表

當情感忽視發生在孩子身上，通常非常微妙——你無法看見這件事，也無法記得它。身爲成人的你可能會好奇：「那麼，我要怎樣才能知道自己是不是有童年情感忽視的問題呢？」這樣的困惑，就是我設計「情感忽視測驗」（Emotional Neglect Questionnaire, The ENQ）的確切原因。這是一系列你可以用「是」或「否」作答的問題，你的分數不只會讓你知道自己是不是遭受童年情感忽視，同時也能讓你知道童年情感忽視發生在你生活中的哪個特定面向。

童年情感忽視自我評量表

在回答「是」的題目上記下一分，並在最後把分數加總起來。

是	否	
□	□	1. 和家人或朋友在一起的時候，你是否會覺得格格不入？
□	□	2. 你是否對於自己可以不用依賴別人而感到驕傲？

□ □ 3. 你是否對於尋求別人的幫助感到爲難？

□ □ 4. 有沒有朋友或家人說你看起來很冷淡或是不好親近？

□ □ 5. 你是否覺得自己尚未發揮生命的潛能？

□ □ 6. 你是否經常希望別人不要來打擾你？

□ □ 7. 你是否暗中覺得自己是個騙子？

□ □ 8. 你是否經常在社交場合中感到不自在？

□ □ 9. 你是否經常對自己感到失望或憤怒？

□ □ 10. 你是否在批判自己的時候比批判別人還要嚴格？

□ □ 11. 在與別人進行比較的時候，你是否經常覺得自己欠缺了某些東西而感到可悲？

□ □ 12. 你是否覺得愛動物比愛人類容易？

□ □ 13. 你是否經常莫名其妙地感到不安或不快樂？

□ □ 14. 你是否無法瞭解自己究竟有什麼感覺？

□ □ 15. 你是否不知道自己的強項和弱點在哪裡？

□ □ 16. 你是否偶爾會覺得自己像是從外面看著一切的局外人？

□ □ 17. 你是否覺得自己輕易就可以隱居起來？

是 否

□ □ 18.你是否無法安撫自己？

□ □ 19.你是否覺得有某些東西妨礙你活在當下？

□ □ 20.你是否偶爾覺得心裡很空虛？

□ □ 21.你是否暗自覺得自己可能在某些地方有毛病？

□ □ 22.你是否覺得維持自我紀律非常困難？

回頭看看你答「是」的題目，這些題目提供了一個切入點，讓你知道自己可能在哪些方面遭受童年情感忽視。你回答「是」的題目越多，就代表童年情感忽視對你有著越大的影響力。

謹將此書獻給我的個案們

目錄

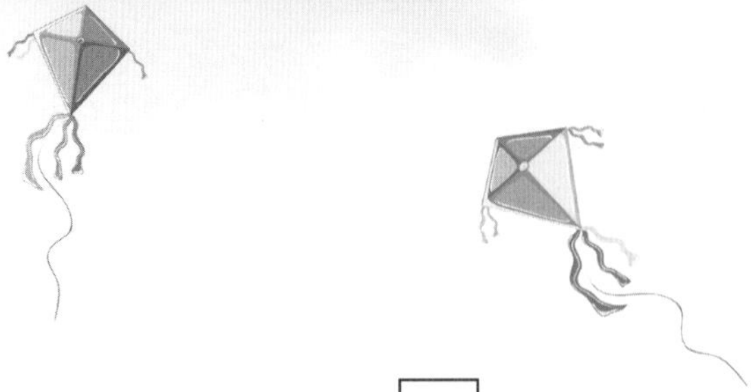

第三部 如何和孩子情感交流？ 195

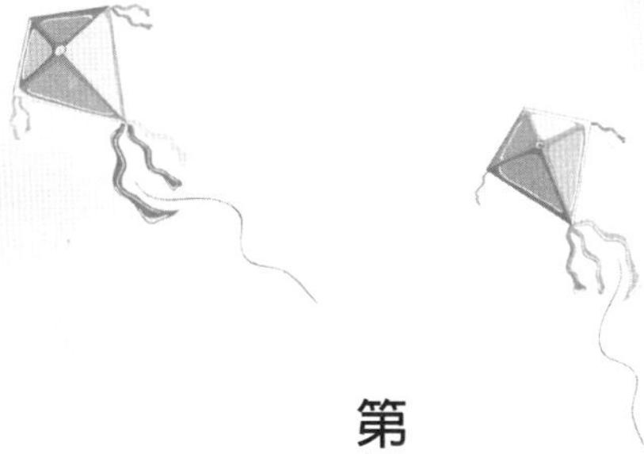

好評推薦

藉著把這個棘手的問題定名爲「童年情感忽視」，並且提供清晰的指引和支持，讓讀者可以與所愛的人開啓一種全新和深層的溝通，鍾妮斯．韋伯博士爲我們指引明路，讓我們能夠擁有更美滿、更富於連結的情感關係。

——哈維爾．漢瑞克斯博士（Harville Hendrix, Ph. D.）與
海倫．雷克莉．杭特博士（Helen LaKelly Hunt, Ph. D.）
《紐約時報》暢銷書《得到你想要的愛：給伴侶的教戰手冊》（*Getting the Love You Want: A Guide for Couples*）與
《空間之間：交會點》（*The Space Between: The Point of Connection*）作者

鍾妮斯．韋伯博士在此書中舉出各種例證，指出善良的人們如何在關係之中掙扎，不只說明了成人與父母之間、夫妻之間、親子之間究竟缺乏了什麼東西，也明確地告訴我們要如何解決這個問題。

——泰瑞．里爾（Terry Real）
國際知名家庭治療師、演說家和作家，經常在各大媒體露臉，
諸如《早安美國》、《今日秀》、《20／20》、《歐普拉秀》與《紐約時報》

鍾妮斯．韋伯博士以淺顯易懂的方式，說明一個幾乎難以描述的狀況。童年情感忽視可能會對我們

的情緒發展和人際關係造成嚴重的創傷，以及長期的、毀滅性的後果。現在就讓我們來面對它。在這本書中，你會找到許多可以應用在日常生活裡的實用方法，藉此療癒你自己和你的人際關係。這本書是一個了不起的新工具，不管是現在還是將來，我都會把它推薦給我的個案！

——凱莉爾．麥克布萊德醫生（Dr. Karyl McBride）

著有《媽媽的公主病：活在陰影中的女兒，如何走出自我？》（*Will I Ever Be Good Enough? Healing the Daughters of Narcissistic Mothers*），以及《我眞的能離開你嗎？如何度過和自戀另一半激烈的離婚並療癒你的家庭》（*Will I Ever Be Free of You? How to Navigate a High-Conflict Divorce from a Narcissist and Heal Your Family*）

鍾妮斯．韋伯醫師在這本書中，將「童年情感忽視」這個強力的透鏡，從自我療癒中暫時移開，轉而探討如何才能強化、深化我們生命中最重要的關係。她在書裡回答了下列問題：

父母要如何改變自己和孩子的互動，才能爲孩子提供他們所需的情感認同，讓他們長成健康、強壯的成人？我們有可能療癒自己與忽視我們情感的父母之間的關係嗎？我們要如何才能和遭受童年情感忽視的伴侶或配偶溝通？本書內容結合了引人入勝的眞實案例、清楚實用的練習、以及用幽默的口吻來回答這些問題，想當然必會對讀者產生實際的效用，並且鼓勵讀者著手改善自己的問題。

——蘭蒂．克雷格（Randi Kreger）

美國知名演說家、邊緣性人格異常專家，著有《親密的陌生人》（*Stop Walking on Eggshells*）與《給邊緣人格親友的實用指南》（*The Essential Family Guide to Borderline Personality Disorder*）等國際暢銷書，並且成立了「邊緣性人格訊息及支援」網站（BPDcentral.com）

此書是鍾妮斯．韋伯博士又一本滿分之作。這本書就「童年情感忽視」的實際面向，進行了仔細和完整的編排。韋伯博士所進行的工作非常深刻，因爲書裡的材料令人耳目一新又切題，她的說明非常清晰，行文風格帶著某種貼近生活的小清新且平易近人。像我這樣的臨床醫師或是一般讀者——如果你讀過《童年情感忽視：爲何我們總是渴望親密，卻又難以承受？》這本具有開創性的暢銷書，也同意這本書的主題必須讓世人知道——你會覺得這本續集非買不可。「童年情感忽視」是一個看不見、然而影響深遠的現象，韋伯博士在第一本書中運用了說明性質的個案、按部就班的指示、實用的練習、以及建立特定技巧的工作清單，相信讀者們必定感到非常有幫助。我會把這本書推薦給我的個案，以及那些想要知道「童年情感忽視」並不是一個詛咒，而是一個被認可的心理症狀，一個能爲我們所克服的症狀的人。

——羅斯．羅森堡（Ross Rosenberg）

教育碩士、臨床諮商師、酒精與藥物勒戒師，著有《人際磁吸症候群：爲何我們會愛上傷害我們的人？》（*The Human Magnet Syndrome: Why We Love People Who Hurt Us!*）

韋伯博士的第一本書《童年情感忽視：爲何我們總是渴望親密，卻又難以承受？》是一部劃時代的著作。在《童年情感忽視．實戰篇：長大後的我，如何和伴侶、孩子、父母，建立情感連結？》一書中，她擴充了童年情感忽視的概念，並且爲讀者提供具體的方法來改變自己和身邊重要親友的互動，無論是對於臨床醫師或是一般人來說都相當有幫助。這本書寫得淺顯易懂，描述得極爲生動，並且搭配許多案例，韋伯博士藉此讓讀者知道要如何才能與自己生命中重要的人，創造出更健康、溝通更順暢、以及更令人滿意的關係。

——薩曼莎．羅德曼（Samantha Rodman）博士

創辦了「心理博士媽媽」（Drpsychmom.com）網站，

著有《轉化婚姻的五十二封電子郵件》（*52 Emails to Transform Your Marriage*）與《如何告訴孩子你要離婚了》（*How to Talk to Your Kids About Your Divorce*）等書

【序章】

在關係中，擁抱曾被忽視的自己

二〇一二年我寫了《童年情感忽視：爲何我們總是渴望親密，卻又難以承受？》，從此書出版的那天起，我就收到數千則來自讀者的訊息，他們說自己終於瞭解這輩子身上所背負的沉重壓力究竟是什麼，因而鬆了一口氣。

有些讀者獲得了某種頓悟，生命出現轉折，戲劇性地化解了自己的羞恥感和困惑，讓他們重新步上正軌。另外還有一些讀者，他們的經歷比較像是一連串安靜的了悟，這樣的了悟帶領他們走出黑暗，進入自我瞭解的光明境地，並且重新獲得力量。

開始感受自己的情緒並不是一件小事。事實上，這件事比任何人所想像的都還重大。當你開始削弱兒時的自我所築起的那道用來阻隔情感的高牆，你會覺得自己活得越來越踏實、越來越有生命力。

如果你開始對自己的情感有所覺察，這些新的體驗可能會讓你覺得有些不安。慢慢地，你會發現自己的胸臆開始感受到悲傷的重量，肚子裡有興奮的能量在擾動，或者有某些來自過去的錯誤所造成的憤怒或是受傷的感覺。是的，有些感覺可能會令人相當痛苦，但是也會有喜悅和愛。這所有的感受，不管正面或負面，都讓你和你的眞實自我、和世界、和你周遭的人，以一種你從未想過的新方式建立連結。

當然，每個人都不一樣。但是對於所有正在療癒童年情感忽視的人來說，有一點是共通的：他們都是透過改變自己的內在，進而改變自己的生命。內在的改變像是漣漪，這樣的影響會蔓延到外在世界。所有正面、健康的改變，都會對你身邊的人造成影響，而這可能會爲你帶來意想不到的挑戰。

這就是這本書存在的原因。

在我們繼續下去之前，讓我們快速地回顧一下「童年情感忽視」（Childhood Emotional Neglect，簡稱 CEN）。童年情感忽視的定義相當簡單，破壞力卻十分強大。

> 「童年情感忽視」源於童年時期，父母沒有對你的情感需求做出充分的回應。

如果你成長在一個對你的情緒視而不見、或者無法容忍你的感受的家庭，身爲一個孩子，這種狀況會對你產生什麼樣的影響呢？你必定會想辦法適應環境。爲了確保自己的感覺或是情緒上的需求不會成爲父母的負擔，你會試著把情緒往下壓、往外推。你變得無法容忍自己的感覺，緊接著便是盡量讓自己沒有任何需要。

發生這種狀況的時候，很有可能你對此絲毫沒有察覺。你雖然只是個孩子，小小的腦袋瓜卻清楚地知道必須要做些什麼來保護自己、以及如何做。你築起了一道想像的高牆，將所有的感覺阻隔在外，好讓父母可以不用處理你的情緒。在童年時期，這種自動的、適應的行爲可能讓你在家裡過得還不錯，但是成年以後，你的麻煩就大了。

把部分的感受隔離開來，可能會讓你的生活變得既痛苦又充滿挑戰。你的情緒應該要與你連結，激勵你、刺激你、引導你，但是在這種狀況下，它們無法發揮作用。你會覺得和其他人的生活比起來，自己彷彿生活在一個比較黯淡、沒有生氣、也沒有樂趣的世界。你奮力地想要找出自己想要什麼、需要什麼、或是要怎樣才能擁有成功的生活。實際上，你覺得自己好像連一點活下去的力氣都沒有。

這些把情感隔離開來所造成的後果，可能相當令人困惑，特別是如果你的父母在物質上對你的照顧不虞匱乏，或是如果他們深愛你，也盡了全力來養育你，這反而會讓你很難理解自己爲什麼不快樂，並且說不清楚爲什麼自己似乎和別人有不一樣的感覺。「其他人似乎都擁有某些東西，而我卻缺少了什麼？我到底是哪裡有問題？」

事實上，你所缺乏的，是對於任何值得的、堅定的、有意義的人際關係來說都相當必要的東西——你缺少的是對自己情感的直接連結。我們通常會說，受到童年情感忽視所損傷的人際關係，就像是正常人際關係打了折扣的版本。可悲的是，對於那些受到童年情感忽視影響的伴侶來說，他們大多對此一無所知，因爲他們從小就是這樣長大的。

想知道自己是不是「童年情感忽視」的受害者嗎？

童年情感忽視既看不見、而且記不得，所以要知道你是不是受到它的影響並不容易。如果到目前為止你讀到的內容呼應了你真實的感受，請你填寫本書開頭所附的「童年情感忽視自我評量表」。

如果你想知道在「童年情感忽視」的作用下，童年的適應行爲會怎樣影響成年後的生活，並且療癒它，請參考我的第一本書《童年情感忽視：爲何我們總是渴望親密，卻又難以承受？》。

如果你已經知道自己的生活受到「童年情感忽視」的影響，而且藉著把這件事攤開來講而使得生活獲得了改善，或是如果你懷疑身邊的親朋好友有「童年情感忽視」的症狀，那就請你繼續往下讀，因爲這本書就是爲你而寫。

從「童年情感忽視」恢復需要時間。一旦復原了，你的感覺和行爲都會變得不同。當你和自己的感覺恢復聯繫，你會擁有更多的能量、更強烈的動力、更明確的方向感。當你變得更加瞭解自己，你會知道自己也擁有願望和需求，並且知道它們是什麼樣子的願望和需求。最終，當你瞭解自己並不軟弱、也不殘破，你會開始覺得活著是一件很棒的事。你會知道自己和其他人一樣有存在的價值、有自己的重要性。你會開始覺得和身邊的人變得比較親近，也會開始想要從他們身上獲得更多情感的回應。

當你努力療癒自己，清理過去數十年來「童年情感忽視」在你身上肆虐的痕跡，想當然必會造成另一種破壞。不過這種破壞是健康的，是因爲你健康的轉變而來。不過無論如何，這也是一種破壞。

「童年情感忽視」個案的轉化可能非常戲劇化、可能緩慢而持續、可能斷斷續續或突如其來，也可能在不同的時間有上述三種不同的表現。但是不管你的內在如何轉變，和你最親近的人都會受到波及。你的表現可能會讓他們覺得奇怪、困惑、或是吃驚。他們會覺得你變得不太一樣——在各個層面都是。他們可能會覺得你變得更有自己的意見了，甚至可能會因此而討厭你。

不論你是在療癒的哪個階段，記得要保持警覺，因爲你的「童年情感忽視」症狀可能會讓你對生活的某些部分開始感到懷疑。當你開始看見「童年情感忽視」對你造成的影響，你可能會覺得自己的人際關係受到干擾。或許你會對自己的父母或是伴侶感到生氣、有罪惡感、或是不耐煩。你可能會開始意識到你最親近的這些人「沒有」給你某些你應得的東西。或許你也會發現自己一直以來也「沒有」給他們某些他們應得的東西。

當你變得更健康、變成一個更好的人，然而卻發現生活因此變得更加複雜，這時，你該怎麼做？

以下是三個我最常遇見的大哉問：

1. 我要怎麼療癒「童年情感忽視」對我的人際關係所造成的影響？
2. 現在我終於知道我的父母在情感上忽視了我，我該怎麼跟他們相處？
3. 我在自己的孩子身上也看到「童年情感忽視」的症狀，我該怎麼處理這個問題？

這三個大哉問之中的每一個都涵蓋了更多的問題：

- 我覺得我的丈夫有「童年情感忽視」的症狀，我該怎麼和他談論這件事？
- 如果在一段關係當中，伴侶雙方都曾在兒時遭受「童年情感忽視」，這種特殊的狀況該怎麼處理？
- 我該不該和父母討論「童年情感忽視」？要怎麼開口？
- 我對父母感到相當憤怒，因此覺得非常對不起他們。我該怎麼辦？
- 我知道「童年情感忽視」已經影響到我對孩子的教養。現在我想要改正錯誤，還來得及嗎？
- 我在自己成年的孩子身上發現「童年情感忽視」的症狀。我要怎麼對他們伸出援手，和他們談談「童年情感忽視」？
- 我真的能夠療癒自己關係之中疏離的情感嗎？

如果其中某個問題觸動了你，要知道你並不孤單。你和許多其他「童年情感忽視」的個案站在同一艘船上，他們就像你一樣，想方設法、努力地想要改善自己的人生。

你很勇敢，而且你很強壯，不然你就不會讀這本書了。適當的引導、人際的溫情以及照顧，都是你值得擁有的。你也值得擁有那些在童年時期你需要的、然而大人卻拒絕給你的答案與幫助。

就是爲了你，我才寫下這本書。

【第一部】

如何和伴侶情感交流？

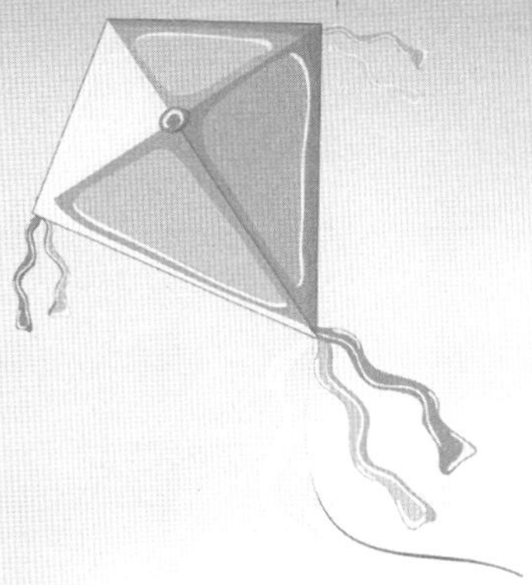

1

童年陰影下的親密關係

如果你的伴侶有童年情感忽視

【馬歇爾和梅兒】

馬歇爾在從公司獨自開車回家的路上陷入了沉思。他的腦海裡，不斷重播著前一晚他和妻子梅兒之間發生的事情。

在劇情當中，馬歇爾走進家門，把公事包丟到地上，彎下身子，對兩個年幼的孩子張開雙臂，讓他們在大叫「爸~比~」時跑進他的臂彎裡。就在他輪流對兩個孩子進行搔癢攻擊的時候，這個大大的擁抱變成了一場角力大賽。

「孩子們，放開爸爸！他工作一整天已經很累了，沒辦法理會你們的胡鬧。」他聽見梅兒邊走過來時邊大聲宣布。當孩子們從和他們抱成一團的父親身上掙脫的時候，馬歇爾看見孩子小小的臉上有些失落。他自己的心情也有點下沉，不過他還是站起來，給了梅兒一個擁抱。

梅兒有些心不在焉，敷衍地摟了他一下，視線越過他的肩膀望向後方：「等等你可以修理一下那扇壞掉的窗戶，順便照顧一下孩子嗎？」她一邊問、一邊往樓下跑，想去地下室拿個東西。

當馬歇爾看著孩子們玩耍的時候，他覺得不太舒服。那是難過、失落與寂寞。是啊，的確是寂寞。當梅兒從地下室走上來的時候，他鼓起勇氣，試著和她談談這件事。

「梅兒，我得跟你談一談，一分鐘就好。」那個晚上，在孩子們都上床以後，馬歇爾對她這麼說：「我一直覺得，我們之間有些事情不太對勁。」

「怎麼了？你在說什麼？我不明白。」梅兒這麼回答，當下眼睛立刻溢滿淚水。「你不愛我了嗎？」

「我當然愛你，就像從前一樣。」他要她放心。「只是……我不知道問題出在哪裡，但我覺得事情好像不應該是這個樣子。」馬歇爾又說。這句話說完，他抬起頭看著梅兒，發現她眼裡的淚水已經消失。梅兒只聽見她需要的那兩句話：「我當然愛你，就像從前一樣……」剩下的話她都沒聽進去。她的心思似乎已經跑到別的地方去了。

「嗯，馬歇爾，說實在的，我們愛著彼此，這是唯一重要的事，對吧？我想說的是，我覺得你可能對某些事情太敏感了。說真的，我希望你可以放輕鬆一點、開心一點。」

馬歇爾望著梅兒，清楚地知道她對這件事已經不再擔心、不再感興趣。他不知道該怎麼辦，他想找個適合的說法，告訴她這個問題很嚴重，並且希望她可以試著瞭解。

但是因為他覺得挫折、受傷、生氣，反而一個字也說不出來。

接著讓我們快轉到隔天傍晚，馬歇爾開車回家的時候。

「我瘋了嗎？」他這麼想。「這是我的問題，還是她的問題？她說得對，我們愛著彼此，但真的這樣就夠了嗎？我覺得婚姻不應該只有這樣。為什麼她沒有像我一樣覺得這段關係中少了什麼呢？我該怎麼向她解釋這一點？我要怎樣才能和她把話談下去？」

從上面的個案描繪來看，我們可以知道，對於一個未曾遭受「童年情感忽視」的人（馬歇爾）來說，如果他的伴侶有這個症狀，這樣的婚姻會爲他帶來什麼樣的感受。只有馬歇爾知道事情有些不對勁，因爲在他的成長過程當中，世界充滿了各種情緒色調，然而現在他卻經歷著一種帶有梅兒「童年情感忽視」風格，亦即一種灰色調的家庭生活。

對於「童年情感忽視」個案的伴侶來說，他們很難瞭解問題究竟出在哪裡。「是我的問題，還是她的問題？」他可能經常有這樣的疑惑。「我對婚姻的期待太不切實際了嗎？婚姻就只能是這樣嗎？我是不是要求太多了？我是不是在雞蛋裡挑骨頭、或是太小題大作了呢？」這些都是沒有經歷過「童年情感忽視」的伴侶經常會思考的問題。

從梅兒的角度來看，婚姻生活的一切都很好，除了馬歇爾三不五時表達不滿的時候。「你爲什麼就是不能快樂一點？」是「童年情感忽視」個案經常會給伴侶的回應。梅兒愛著馬歇爾，並且希望他能夠快樂，但是在面對馬歇爾的需求或是渴望的時候，她卻顯得缺乏瞭解的能力或是情緒的接受度。她可能會將馬歇爾健康的情緒需求視為過度渴求關愛，甚至是一種性格上的弱點。

無論馬歇爾和梅兒有多登對、或是有多麼愛著對方，隨著時間過去，他們的關係會衍生出更多的問題。面對梅兒的「高牆」，馬歇爾可能對於不斷叩關開始感到厭倦，並且對於不得其門而入感到憤怒。當他在關係裡感到越來越寂寞，最終有可能對這段關係感到絕望。

或者，還有另一種可能的結局。面對馬歇爾和他的需求，梅兒或許會覺得越來越心煩、越來越喘不過氣。由於雙方都缺乏將這些問題表達出來的情緒技巧、也無法著手解決它們，雙方的歧見、傷害和痛苦可能會在幾年內不斷增長，慢慢侵蝕這對伴侶的正向連結。最後，有一天他們可能會痛苦地發現，他們已經沒有那麼喜歡對方了。

幸運的是，伴侶雙方其中一人受到「童年情感忽視」這種狀況，不見得全然是一件壞事。馬歇爾知道這段關係裡少了某些東西，所以相較於許多其他的伴侶，他們擁有絕佳的優勢。梅兒「童年情感忽視」的症狀不是她自找的，也不是她的錯——馬歇爾知道這一點。他知道梅兒是一個善良的人，她試著維繫彼此的關係，也深愛著他。這段關係中所缺乏的一切都是有可能獲得彌補的。在他們日後的療癒之路上，這些瞭解都會產生重大的作用。

現在，讓我們來看看下一個個案描繪：在這段關係中，伴侶雙方都受到「童年情感忽視」，他們和這個看不見的問題纏鬥不休，卻搞不清楚它究竟是什麼，也沒有辦法把話講清楚。

如果你和伴侶都有童年情感忽視

「奧莉薇和奧斯卡」

奧莉薇和奧斯卡坐在桌子的兩端，靜靜地享用他們週日的早餐。

「還有咖啡嗎？」奧莉薇心不在焉地問，一邊看著筆電上的今日新聞。奧斯卡有些氣惱，猛地站起來，走到咖啡機旁邊去察看。

「為什麼她每次都要問我？她真是太愛使喚人了，就是不會自己去看看咖啡機。」他在心裡這麼想。奧斯卡拿著咖啡壺回到桌子旁，為奧莉薇倒了一杯，然後有些用力地把咖啡壺放到桌上，最後坐回自己的椅子。他嘆了一口氣，生氣地看了一眼仍然低著頭的奧莉薇。

奧莉薇從咖啡壺擺到桌上的力道和嘆息聲，感到有些什麼不對勁。她很快地抬起頭想看看怎麼了，不過奧斯卡已經沉浸在報紙裡頭。她回頭看著自己的筆電，卻再也沒有辦法像剛才一樣專心。

「奧斯卡是怎麼了？」她在心裡沉吟。「他最近看起來有點不爽，是不是把工作壓力帶回家了？一定是因為工作壓力，所以又來這一套。」

在想通這點之後，奧莉薇決定今天最好都避開奧斯卡，希望讓他獨處一下可以改善情緒（還有一個額外的好處——這樣她就不用隨侍在側了）。奧莉薇決定晚餐時再問問他工作的事，看看他是不是真的工作壓力很大。

那天晚上，奧莉薇出門辦完事回家的時候，發現奧斯卡已經為他們倆做好晚餐。奧斯卡坐下來用餐，心情似乎好了一點。

兩個人簡單地聊了一下奧莉薇今天在外面做了什麼之後，她問他：「工作還好嗎？」

奧斯卡一頭霧水地看著奧莉薇，回答道：「還好。你為什麼這麼問？」

「沒事。」奧莉薇說。聽見他說工作沒事讓她鬆了一口氣。「你想要一邊吃、一邊看《冰與火之歌》的下一集嗎？」

電視繼續播放，他們安靜地吃著晚餐，兩個人都沉浸在影集的世界裡。

雙方都有「童年情感忽視」的伴侶，從很多方面來看就像是一般的伴侶，不過他們非常、非常不一樣。這種類型的關係因爲不正確的假設和錯誤的解讀而充滿了各種謎題，而且不幸的是，雙方都沒有足夠的溝通技巧可以和對方進行確認，眞正去瞭解對方究竟在想些什麼、有什麼感受、或者是爲什麼對方會做了那件事。

因爲伴侶雙方都不知道要怎麼談論關係中自然發生的挫折和衝突（他們在任何人際關係中都是如此），這些問題很少被拿出來討論或是獲得解決。這是「被動攻擊型關係」的基本架構，它可能會消磨掉婚姻裡頭彼此的溫情和關懷，然而兩個人卻都沒有意識到這一點。像是把咖啡壺用力地放到桌上這種不起眼的、不直接的行爲，還有逃避、忽視和遺忘，都可能會演變爲他們在面對問題時主要的處理與溝通方式——不管是哪一種，效果都不是很好。

在上述的劇情中，奧斯卡錯誤地解讀了奧莉薇因爲沉迷於閱讀、因而有些漫不經心的行爲，認爲那是「愛使喚人」；奧莉薇則是把奧斯卡對她的怒氣，錯誤地解釋成或許是工作壓力太大的關係。奧莉薇沒有在當下直接處理這個問題，反而決定要逃避一天。那天晚上，她在晚餐時問奧斯卡的問題又過於簡單，一點也不切題，以致沒有得出任何有用的訊息。她獲得了一種錯誤的放心感受，認爲奧斯卡的情緒獲得了奇妙的改善，他們之間根本就沒有什麼問題。

所以他們就這樣繼續過日子，幾個星期、幾個月、幾年過去，奧斯卡會覺得奧莉薇就是個懶散而且喜歡操控並使喚別人的人，奧莉薇則是對於奧斯卡可能會把工作壓力帶回家這件事情持續保持戒備。他們兩人嚴重地不同調，生活在各自的世界裡，離彼此越來越遠。

奧莉薇和奧斯卡有時候會覺得，兩個人在一起反而比分開的時候還要寂寞，彼此之間有著像海洋一樣深的鴻溝。他們兩人都覺得某些重要的事情出錯了，不過令人傷心的是，他們都無法有意識地描述這件事，或是用語言指出這件事究竟是什麼。

不過對於奧莉薇和奧斯卡來說，幸運的是，他們擁有許多潛能。他們各自都有著豐富的情緒；他們只是無法察覺這些情緒，或是以一種健康、能夠促進關係的方法來使用它們。他們婚姻關係的核心是陪伴、彼此的過去、關懷和愛情。他們的婚姻所缺乏的是覺知的能力和溝通的技巧，而這兩者都能透過學習獲得。或許將來會有那麼一天、會有那麼一個好機會，他們其中一人在情感上「覺醒」了，然後開始去敲擊對方的「高牆」。

當你繼續讀下去，你會看見，事情就是這樣發生的。

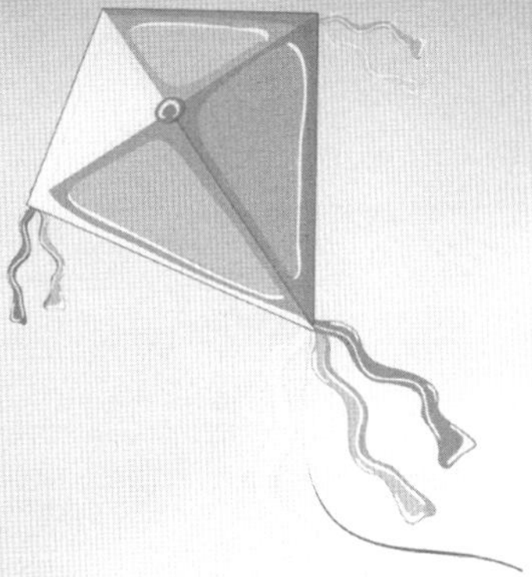

2

五種對親密關係的影響

如果你內在的空洞可以單純地待在那裡，保持無為，事情就會簡單許多。只不過這份空虛通常不會如你所願。

影響我們選擇伴侶的因素有很多。比如說，我們住在哪裡、做什麼工作、有什麼興趣或嗜好、信仰什麼宗教，這些對於我們會遇見誰有著重大的影響，也底定了我們潛在伴侶的候選人名單。

你的兒時經驗在這裡也扮演著一個重要的角色。「童年情感忽視」會在你身上留下印記，這個印記會影響你生活中的每一個抉擇，包括了你要選擇誰和你共度一生。

「童年情感忽視」影響你選擇伴侶的五種方式如下：

不自覺追尋兒時父母給你的感受

一個孩子最早、最主要的愛的經驗，是來自他與父母的關係。當父母在養育你的時候，帶有他們個人色彩的愛的風格，會成爲你內在的一部分。父母的愛，無論品質或完整度如何，都會和你的大腦融合，成爲你情感生活的重要成分（Moore, Kinghorn, and Bandy, 2011）。你在兒時體驗到的那種愛，也會是你成年之後讓你覺得眞實、舒服又自然的愛。

說實話，這就是爲什麼在失能家庭裡長大的孩子，會在成年後對自己的伴侶和孩子複製同樣的失能情境。他們會去尋求並且找出自己覺得眞實和舒服的情境，從而延續了他們在兒時所經歷的、失能的惡性循環。

若你在「童年情感忽視」的家庭裡長大，你所體驗到的愛可能會有以下的粉飾：好房子、好衣服、好教育，父母把這些都給了你，然而你所感受到的愛卻缺乏情感的實質性。當你成年以後遇見愛，在面對具備眞實感受的愛情時，你反而覺得渾身不自在。你可能會覺得這樣的愛情讓人喘不過氣、太超過了、或是根本就「不對勁」。或許你會眞的離開一個在愛裡面給你意義、給你眞實情感的對象，而令人啼笑皆非地和一個給你比較少的愛，卻讓你覺得比較「對」、比較舒服的人在一起。

因爲這樣，「童年情感忽視」的個案會受到彼此的吸引。這些「童年情感忽視」個案可以給予對方一種感覺起來「像是」愛的舒適感受，而且從許多方面來說這「就是」愛。是的，它能連結兩個人，而且可以持續很久。但是它缺乏可以讓這份愛情持續燃燒的深情特質，也缺乏了讓關係保持堅定的情緒技巧。所以這是一種愛，但它可能會爲伴侶雙方帶來數十年的失望和迷惑，就像你在前面兩則個案描繪中看到的一樣。

奧莉薇和奧斯卡兩人都在「童年情感忽視」的家庭裡長大。他們一相遇，就覺得和對方在一起很有安全感。兩個人都可以滿足對方習慣壓抑情感的需求，而且他們的情緒技巧勢均力敵。如果他們遇到會向他們索求眞實情感連結和親密感的伴侶（就像馬歇爾一樣），他們便會覺得無法負荷。

急著塡補空虛感，太快做出承諾

你在成長過程中總是把感覺推開。現在，身爲成人，你變得不知道該怎麼感受自己的情緒。你的情緒理應爲你的生命注入色彩、意義和連結，但是它們卻被阻隔在外，無法和你聯繫，而這便是你內在的空洞。

如果你內在的空洞可以單純地待在那裡，保持無爲，事情就會簡單許多。只不過這份空虛通常不會如你所願。你內在的這種空虛就像是眞空吸塵器，它會把某個東西、或是某個人拉進來塡滿自己。你可能會試圖用食物或酒精、購物或賭博、工作、各種消遣或是暫時的好處來塡滿你的空虛。或者你也有可能試著用一段關係來塡滿它，許多人都會這麼做。這個眞空吸塵器的強烈吸力可能會讓你陷入危險，讓你太早、太快、或是在還沒有完全瞭解對方的時候便做出承諾。

不確定自我感覺，無法做出承諾

在孩童時期，父母不允許你擁有特定的情感需求（或是任何的情感需求），於是你把「擁有需求就是軟弱、錯誤、甚至丟臉」這樣的訊息化爲內在的準則。成年以後，你極力地想要確保自己永遠不會表現出軟弱的樣子，小心翼翼地從不顯露出自己在情感上的脆弱。

許多「童年情感忽視」個案都是很棒的人，但他們是如此害怕去感覺、或是讓別人知道自己的情感需求，而這讓他們根本就不敢想、或是眞的去尋找一個伴侶。你開始談戀愛的時間比一般人還晚嗎？每當有人問你是不是已經有特別的另一半，你就臉色發白嗎？你是不是沒辦法對每個約會對象敞開心房？這些徵兆，可能代表你不想讓自己和其他人看見你正常、健康的人類需求。對於擁有這些需求，你感到很可恥。

你可能根本就沒有覺悟到這一點，但是在情感上，你確實是處於一種「停止營業」的狀態。

害怕平淡，易受情感濃烈的人吸引

當你受到「童年情感忽視」，的確，你可能會覺得和某個愛情模式與你相近的人在一起最舒服，就像我們在第一點提過的。不過對於某些人來說，「童年情感忽視」所造成的影響可能恰巧相反。

我們知道，「情感忽視」會讓生活感覺起來毫無意義或是單調乏味。所以當你看著周圍，發現有些人過著一種更豐富、更明亮、更活生生的生活，這時候，你內在的空洞就會奮力推著你，要你塡滿它。

這兩種力量可能會一起作用，將你拉向某個散發著個人光芒、對於事物具有強烈且深刻的感受性的人。當你和某個擁有強烈情感的人在一起，你便是在用他們的能量來塡滿你的生活。透過這種比較不具威脅性的方式，你體驗到了自己需要的燦爛的情感——這是向你的伴侶借來的。

和一個情緒化的伴侶結爲連理，如果對方像前述個案的馬歇爾一樣，是個擁有健康情緒的人，那麼這段關係或許可以順暢地運行多年。但是如果你的伴侶情緒張力太強，或是因爲某些問題而起伏不定（比如說對方患有邊緣性人格異常），你可能會發現自己經常處於一種無計可施的狀況。透過其他人的情緒而活有個問題，那就是你無法掌控那些情緒。

如果「童年情感忽視」個案和一個善於連結自己情感的人結婚，甚至假設他就像馬歇爾一樣健康，這還是會產生另一個問題。一個能夠感受自身情感的伴侶，會想要、需要和你在情感上擁有靠近、親密的關係。面對你，他可能會覺得自己被拒絕、遇到障礙、甚至覺得無聊。他會敲擊你的高牆，試圖和你交流，就像馬歇爾對梅兒的反應。最後，他可能會對於寂寞感到厭倦。

特別注意：如果你受到「童年情感忽視」，並且和某個像馬歇爾的人在一起，讀到此處，你可能會感受到「童年情感忽視」個案特有的罪惡感。所以在這裡我要花點時間，提醒你兩個重要的事實：(1)受到「童年情感忽視」不是你的錯，以及(2)現在你已經知道哪裡出了問題，你可以療癒自己，並且邀請伴侶同行，一起療癒你們的關係。你的罪惡感可能會變成療癒過程的阻礙，所以擊敗它、把它丟到一邊，然後繼續讀下去。

委屈討好，只對傷害你的人有感覺

沒有任何關係，像「童年情感忽視」個案和自戀者的戀情一樣擁有那麼獨特的連結。這種吸引力就像是一個鍋配一個蓋，只有處於極端對立的兩方才能感受得到。心理學家羅斯・羅森堡（Ross Rosenberg）的著作《人際磁吸症候群：爲何我們會愛上傷害我們的人？》（*The Human Magnet Syndrome: Why We Love People Who Hurst Us?*），便是在描述各種對立而又相容的人格類型，爲何以及如何互相吸引。

自戀者通常也在「童年情感忽視」的家庭裡長大，但是一般來說，他們還遭受了某種情緒、身體、或是言語上的暴力。在童年時期，他們經常因爲某種天賦、或是某些可以討好父母的行爲而獲得獎勵——受到稱讚，或是覺得自己很特別。當他們順著父母的需要表現、或裝出父母喜歡的樣子，父母的愛便會像聚光燈一樣集中照耀在他們身上。這就是爲什麼自戀者看起來會那麼引人注目。爲了追尋這種「聚光燈的愛」，他們可能會在身體上、情感上、或是語言上顯得特別招搖。不同的個體會有不同的表現，不過這些表現可能包括渴望得到注意力和稱讚、事情一定得照著他們的意思做、或者他們會打斷別人的談話。

對於自戀者來說，難道還有比「童年情感忽視」個案更好的伴侶嗎？你表明了自己沒有什麼需求，你對於不被看見這件事感到相當自在，而且你非常收斂。對於雙方來說，彼此的吸引力可能都非常強烈，這種對立面的結合會產生一種特別的力量。

就某些方面而言，活在自戀者的影子下，你可能會覺得還算舒服。畢竟，你的自戀者伴侶不太會去敲你的高牆，因爲說眞的，他對你沒興趣。他也不會鼓勵你多去表達自己的需求或是意見，因爲他懶得去瞭解這些事情。他會開心地、任意地把你的溫暖和關心都拿走，而且一拿再拿，因爲你總是自然而然地一直付出，一給再給。他的情緒會填滿你失落情緒所造成的空洞，他的需求則會填滿你壓抑需求所造成的空虛。

幾個月或是幾年下來，一切可能都很好。不過隨著時間過去，這種關係所帶來的安全感可能會開始消耗殆盡。你可能會覺得自己不只被忽視，還受到踐踏，甚至是被暴力以對。如果說你的童年侵蝕了你的自我感受，現在則是由你的伴侶接手這一過程來消滅你的自我。

小結

無論「童年情感忽視」有沒有影響到你選擇伴侶，只要它在你的生活中占有一席之地，便可能會影響你和另一半的關係。所以，現在讓我們進一步談談「童年情感忽視」是怎麼在你的婚姻或是伴侶關係中運作。在第一部接下來的章節，我們會談談要怎麼辨認關係中「童年情感忽視」的症狀；受到「童年情感忽視」影響的關係會爲你帶來什麼樣的感覺；要如何和你的伴侶談論「童年情感忽視」；最後，也是最重要的——我會陪著你走完這一趟復原和療癒之路。

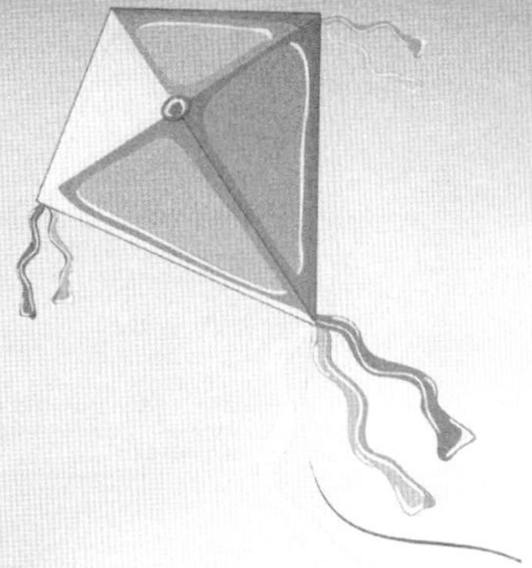

3

親密關係中的問題與警訊

「如果你和伴侶的關係沒有完整地發展出情感上的親密度，你便會覺得空虛寂寞，而這遠比你真正獨自一人的時候還要痛苦。」

想想構成你的生活的各個要素：你的房子、你的家庭、你的孩子、你的婚姻、你的社群、你的工作，以及你的財務狀況。每個要素都會決定你的生活品質和幸福程度，而你認爲，根據研究，哪個要素對這兩者有著最主要、最持續的影響？

是的，答案就是長期親密關係的品質（Helliwell and Grover, 2014）。事實上，研究指出，從關係中獲得最主要正面影響的人，就是那些說自己結婚的對象也是自己最好的朋友的人。

不管你結婚了沒，你主要的親密關係，對於你整體生活的滿意度有著重大的影響。不過，這當然也是生活中最難以駕馭的部分。

就這方面來說，「童年情感忽視」的個案要面對的挑戰更多。

要擁有美滿、充滿韌性的親密關係，伴侶雙方絕對要共同營造出高品質的情感親密度。要做到這一點，你必須擁有四個重要的能力。當你往下讀到這四個能力時，請想想你自身的狀況。對你而言，哪個能力是你最擅長的、哪個能力又是你覺得最具挑戰性的？如果可以的話，把它們記下來，當你讀到第五章並開始進行各種技巧的實際演練時，你的筆記會成爲相當有用的訊息。

建立情感連結的四種能力

1. 情緒覺察力

這項能力在於覺察自己的感受和另一半的感受。它能幫助你觀察自己的行爲和自己對於事物的反應，並且瞭解其中有哪些情緒涉入。我現在有什麼感覺，爲什麼會這樣？我的伴侶現在覺得如何？爲什麼我會說出某些話？是什麼動機讓我的伴侶做了某件事？去覺察情緒、以及這些情緒和行爲與選擇之間的關聯，會讓人對自己、對伴侶都有更深入的瞭解。這能夠預防誤讀和誤會，也能讓兩個人在解決問題時變得更容易。

貝絲看著馬克朝她走過來，微微低著頭。從他的動作看來，貝絲知道他心懷歉意。她將姿態放軟，讓他可以比較輕易地把道歉的話說出口。

馬克注意到貝絲的語調有點尖銳，便問她：「有什麼事讓你不開心嗎？」

貝絲知道，過去兩天來，這是馬克第三次說他在面對自己的母親時感到很挫折。她問馬克：「你和你媽還好嗎？你最近和她好像不是很愉快？」

馬克知道貝絲對於自己的體重很敏感，所以他會特別注意，經常對她說她有多美麗。

這幾個例子說明了馬克和貝絲相當注意彼此的感受，他們對於對方的情感需求保持覺察，並且帶著同情心和同理心來回應對方。正是因爲情緒覺察力，馬克和貝絲才能表現出這樣的溫情和關懷。

2.情緒技巧

這一套技巧包括辨認自己的感受、接受自己的感受、包容自己的感受、處理它們，最後再用文字將它們表達出來。我們會在第四章更深入地談論各個步驟。在下面的例子當中，當貝絲在想辦法釐清她和男朋友馬克的狀況時，她運用了這樣的情緒技巧。

我的胃感到一陣劇痛，喉嚨彷彿被什麼東西哽住了。這意味著我覺得受傷。

爲什麼我會覺得受傷？一定是因爲剛剛馬克隨口對我做出的批評，他似乎認爲我是個愛慕虛榮的女人。

這種感覺是要對我傳達什麼訊息呢？它是那麼強烈，它在告訴我，我必須和馬克談談。

我得問問他，他那樣說究竟是什麼意思，我要讓他知道我覺得很受傷。

這個過程對於那些沒有遭受「童年情感忽視」的一般讀者來說，可能看似很簡單。不過在這個情境當中，貝絲使用了她以前學過的各種複合情緒技巧。如果一個人成長在沒有具備這種技巧、教導這種技巧的家庭中，他們就必須透過學習來獲得這種技巧。

在這個例子當中，貝絲知道自己覺得受傷。她能夠釐清自己爲何有這種感覺，她接受這個感覺有其存在的理由，並且聆聽它所傳達的訊息。「受傷」的情緒促使她和馬克進行溝通。這種互動（即便裡頭有某些衝突）會讓馬克更瞭解貝絲，給馬克一個機會爲自己辯護，也讓馬克知道以後和貝絲談話的時候，自己要更加留心。

3. 溝通技巧

對自己和伴侶的感受保持覺察，是非常重要的。當你擁有這樣的知識和認知，你要怎麼運用它呢？這就是溝通技巧可以發揮作用的地方了。你要怎麼告訴對方她讓你不高興了？你要怎麼讓對方知道，你需要對方給自己某些東西？你傳達一個困難訊息的方式，就像這個訊息本身一樣重要。

馬克覺得既受傷又生氣，因爲貝絲在參加派對的時候把他晾在旁邊，他甚至已經主動要求貝絲要陪著他，因爲他不認識任何人，但是貝絲依然我行我素。

糟糕的溝通技巧

- **被動攻擊型：**「下星期我們公司開派對，我絕對不要理她，讓她也嘗嘗這種滋味。」馬克心裡這麼決定。
- **攻擊型：**馬克在派對中走向貝絲，他把音量壓低，然而語帶憤怒地說：「你實在太自私了！我不會再跟你一起出席任何派對。」
- **諷刺型：**就在貝絲進到車子裡要開車回家的時候，馬克氣憤地說：「好吧，我希望你在剛剛的派對上玩得很開心，因爲我一點也不開心。」

被動攻擊型的回應，與其說是溝通，不如說是一種報復。馬克覺得他以牙還牙的作法可以給貝絲一點教訓，不過實際上卻不是這樣。貝絲很可能永遠不會知道馬克在派對上的表現和她有什麼關係，就算她知道，也會因此討厭馬克。被動式攻擊基本上是一種冤冤相報的作法，隨著時間過去，這種作法只會讓負面的情緒壓垮整段關係。

在攻擊型的例子當中，馬克以控訴和攻擊的方式來溝通，而且他還選擇了一個很差的時間點。他的遣詞用字、語調、以及決定在派對開到一半的時候表達自己的感受，讓人可以確定的是，在這種狀況下，貝絲不會想要採取任何行動來改善問題。她反而會覺得自己受到攻擊，感到受傷，可能還會覺得丟臉。不幸的是，馬克的需求只會得到進一步的挫敗。

在諷刺型的回應當中，馬克反應的時間點太晚，那時候貝絲已經無法做些什麼來改變自己的行爲了。他沒有直接地表達自己的感受、或是在表達的時候多考慮一下各種因素，這讓諷刺變成突如其來的一道猛擊，貝絲只會覺得自己受到指控、攻擊，緊接著啓動自己的防禦機制。一旦防禦機制啓動，她便無法接收馬克的訊息了。

效果不彰的溝通方式說也說不完，我們很難在這裡一網打盡。如果這幾個例子讓你覺得似曾相識，彷彿看到你自己或是伴侶的影子，那麼你可以肯定地說，你們雙方或是其中之一可能在童年時期並沒有從家庭裡學到有效的溝通技巧。

有效的溝通技巧

在派對上，馬克把手搭在貝絲的肩膀上，對著她耳語：「你知道，我在這裡一個人都不認識。記得要一直陪著我哦。」

一直等到要開車回家的時候，馬克才說：「貝絲，我以爲今天晚上我們會在派對上一起活動。這究竟是怎麼啦？」

在第一個例子裡，馬克的溝通相當完美。他在派對進行時就對貝絲表達了自己的需求，讓對方可以及時修正問題。他並沒有責怪貝絲，而是給她一個溫和的提醒。這麼一來，他不只給貝絲一個轉圜的機會（證明她沒有刻意忽視他），這樣的提醒也會讓貝絲產生想要解決問題的動力。

在第二個例子當中，貝絲並沒有在派對裡解決這個問題，不過馬克仍然以一種不責怪、不攻擊的方式與她溝通。問問題是一個避免指責對方的好辦法，同時爲你的伴侶提供一個解釋的機會。這麼做能把問題攤開來，讓雙方有機會進行對話，而不是啓動一場無意識的憤怒與防衛攻防戰。

4. 自我認識

這個技巧涉及了你對自身反應和感受的瞭解能力、對於自己行爲的預測能力，以及根據自己的特質而做出適當抉擇的能力。要擁有一段具備情感連結的親密關係，深入地、好好地瞭解你自己，甚至比瞭解你的配偶更重要。

瞭解自己意味著擁有前文說過的情緒覺察力，不過除此之外還要知道更多關於你自己的事實：

- 你想要什麼？
- 你對什麼感到狂熱？
- 你喜歡什麼以及不喜歡什麼，爲什麼？
- 你喜歡什麼人以及不喜歡什麼人，爲什麼？
- 你有哪些優點、哪些缺點？

- 你會用哪些形容詞來描述你自己？
- 其他人對你的印象如何？
- 你最喜歡的活動是什麼？

如果你在成長過程中情感遭受忽視，你可能沒什麼機會來學習這些和你切身相關的重點。如果父母沒有經常問你這些事情，如果他們沒有注意你、試著讓你更深入地瞭解你兒時的自我，他們便無法成爲一面鏡子，爲你反映出你眞正的本質。那麼，在你成年之後，你可能會成爲一個八面玲瓏、容易相處的人，但是當你必須回答上述某些問題時，你可能會找不到答案。

深入地、好好地瞭解你自己，是關係的基本條件。知道上述這些問題的答案，你才能爲一段關係盡自己的本分。你必須清楚、敞開、充分地表達自己，伴侶才能據以回應。也唯有這樣，對方才知道怎麼逗你開心。

如果你的伴侶問你：「你今晚想做什麼？你最喜歡哪個顏色？我們該怎麼處理這個狀況？你有什麼想法？你比較喜歡哪一個？」對方會希望你盡可能給他明確的答案。不然，他只好選一個自己喜歡的，或者更糟的是，他可能會試著揣摩你的想法，而這是最沒有效率的一種溝通方式。時間一久，後面兩種策略可能會成爲怨恨和冷淡的開端。而無論是哪一個，都會讓你們陷入困境。

如果父母沒有能力回應你的情感需求

童年時期是我們剛剛讀到四種技巧和能力的訓練場。當你看見自己的父母溝通無礙，或者他們很懂得如何跟你溝通，你就會自然而然地吸收這些技巧。

當你的父母對於自己的情緒和你的情緒都有所覺察，你也會知道該怎麼辨認自己當下的感覺，以及這樣的感覺具有什麼意義。

如果你的父母知道怎麼辨認情緒、包容情緒、聆聽情緒、運用情緒、並且表達情緒，光是在他們身邊，你就能學會所有的技能。

如果你的父母看見你的眞實本質，對眞正的你做出回應，並且告訴你，他們在你身上看見了什麼——你的力量、弱點、特質、傾向和偏好、喜歡的東西和不喜歡的東西、你的天賦和你的敏感之處——你就會習得關於你自己的這些大小事。

如果童年一切順利，你在進入成年時便已具備穩固的基礎，讓你可以擁有在情感上與另一半有所連結而又充滿韌性的親密關係。

不幸的是，對大多數人來說，他們在兒時並未獲得足夠的訓練。你的父母擁有這些技巧嗎？如果沒有，他們自然不能給你他們所沒有的東西。

那麼接下來會怎麼樣？你會長大，陷入愛河，結婚，享受一陣子的幸福人生。

然後，問題就來了……

童年情感忽視遺留的五種跡象

如你所知，「童年情感忽視」會隱形。擁有這個症狀的人之中，絕大多數根本就不知道它的存在。意思就是，為數眾多的關係都被這股看不見的力量給拖累了。所以，要怎樣才能知道「童年情感忽視」是否對你的關係有所影響呢？

如果你或你的伴侶已經針對「童年情感忽視」進行了一些諮商，那麼你已經知道這個症狀對你的影響。當伴侶其中一方無法感受到自己的情緒，這代表他欠缺情緒覺察力或是情緒技巧，在這種情況下，想要關係不受影響是不可能的。

就算你知道「童年情感忽視」影響了你的關係，去瞭解它究竟造成了哪些確切的影響，還是相當重要的。另一方面，如果你讀這本書是因為懷疑另一半受到「童年情感忽視」影響，那麼去瞭解有哪些你必須留意的跡象，或許會對你有所幫助。

當我和一對伴侶在療程中第一次見面時，我會使用以下的跡象來探查「童年情感忽視」的蹤跡。這些都是會隨著時間顯現出來、或是在某個時間點便能觀察到的症狀。當你讀過這些跡象，看看其中有沒有哪些呼應了你、你的伴侶、或是你們雙方的真實情況。

親密關係中浮現的「童年情感忽視」跡象

逃避衝突

逃避衝突基本上是一種不願意和對方產生歧見或是吵架的傾向，這是「童年情感忽視」作用在親密關係中，最典型、也是最致命的特徵之一。

不管你信不信，在關係當中，吵架是一種健康的行為。兩個人的生命要緊密地交纏在一起數十年，一定有過上百次、甚至是上千次的重大意見不合。

逃避衝突可能會嚴重地損害一段關係。你和你的伴侶不可能藉著逃避問題來解決它們；此外，如果問題沒有得到解決，其中附帶的憤怒、挫折和傷害會轉移到暗處，在那裡化膿、成長，將你們兩人本應共享的溫情和愛情消磨殆盡。

逃避衝突的跡象：

- 你會盡量不要提起令人覺得受傷的話題，或是會讓你生氣的事情。
- 衝突和爭執會讓你覺得非常不舒服，所以你會把問題全都壓下去，而不是把它們攤開來談。
- 把負面的事情拿出來講，就像是打開潘朵拉的盒子般多餘。
- 不高興或是生氣的時候，你或你的伴侶會採取冷戰作為解決之道。

在親密關係中覺得空虛或寂寞

一段長期承諾的親密關係，照理來說不會讓人感到寂寞。確實，如果一段關係運作良好，伴侶雙方便能從中獲得慰藉，因爲你知道對方無論如何都會在背後支持你。你並非獨自面對這個世界，你不是孤單一人，你們兩個人在一起。

不過即使你身邊有眾人圍繞，你還是有可能會感覺到深深的寂寞。如果你和伴侶的關係沒有完整地發展出情感上的親密度，你便會覺得空虛寂寞，而這遠比你真正獨自一人的時候還要痛苦。

在親密關係中覺得空虛或寂寞的跡象：

- 即使和伴侶在一起，偶爾你還是會覺得非常寂寞。
- 你不覺得你和伴侶是隊友，或是不覺得你們之間的運作像個團隊。

大部分的對話都圍繞著膚淺的事情打轉

每對伴侶都必須有些什麼事情可談。在情感上有連結的伴侶，可以比較輕易地談論他們的感覺和情感需求。但是對於那些在情感上受到忽視的人來說，事情就沒有這麼簡單了。當你受到「童年情感忽視」，你會抓著「安全」的話題不放。舉例來說：時事、勤務、或是小孩。你們可以一起規劃事情、可以談論孩子、可以聊聊最近發生什麼事，就是不能談論你們的感受。你們很少討論有深度、或是和情感有關的任何事情。如果真的要談，你可能會覺得很彆扭或是很困難，所以說出口的話也相當有限。

對於一段健全的關係來說，彼此敞開心房，探索問題，交換感受、動機、需求和難處，這些都是非常必要的。

難以深入談論情感問題的跡象：

- 談論與情感有關的話題，對伴侶其中一方或是雙方是一大掙扎。要建立情感上的親密度，雙方必須能夠坦露自己的脆弱。當你逼不得已必須談論自己的情感時，那是一種巨大無比的挑戰。要以文字表達情感，就像是一個不可能的任務。身爲伴侶，最後你們兩人可能都要被對方搞瘋了，或是乾脆以後再也不提這個話題。
- 你們很難找到話題。你們上館子吃晚餐去慶祝結婚週年紀念日，你盼望有個溫暖而浪漫的夜晚。不過情況恰巧相反，你們坐著的那張桌子就像是分隔你們倆的屏障。一般來說，你可能會覺得聊天感覺起來有些彆扭或是奇怪，尤其是在你覺得兩個人「應該」要好好聊天的時候。
- 你們其中一個、或是你們兩個人的語言資料庫裡，與情感有關的詞彙非常有限。

缺乏情感上的親密度

很多伴侶都沒聽過「情感親密度」，也不知道這究竟是什麼意思，或是要怎麼培養。然而，情感親密度就像膠水，它能讓關係維持不墜；它也像香料，可以為關係帶來樂趣。它至關重要，但是你很難知道自己是否擁有它。對於在「童年情感忽視」家庭裡長大的人來說，它也是關係之中最大的挑戰。你要怎麼才能確定自己的親密關係裡頭是否少了這一味？

缺乏情感親密度的跡象：

- 對你來說，在伴侶面前顯露情緒是一件相當彆扭的事情。當你覺得難過、生氣、焦慮、沮喪、受傷、失落、脆弱，或是壓力大到喘不過氣，你會試著把這些感覺隱藏起來，不讓對方看到。你可能不想造成對方的負擔、不想表現出軟弱的樣子、或是希望一切都能保持樂觀的模樣。
- 你經常因為伴侶對自己的瞭解少得可憐而感到訝異，因為你們已經在一起那麼久了，照理說應該要能夠預測對方的舉動或選擇才對。然而，你的伴侶卻經常誤解你的意思，或是不知道你要做什麼。
- 你們其中一方或雙方經常對彼此的感受有錯誤的解讀或詮釋。比如說，他堅持「我沒有生氣」，可是他看起來顯然就是在生氣。
- 伴侶其中一方說自己幸福得不得了，即便另一方對於這段關係表現出了極度的不滿。（如果一對伴侶在情感上相互連結，另一半若不快樂，他自己也會快樂不起來。）

● 你還是喜歡著、愛著你的伴侶，不過你覺得關係裡少了某個重要的東西。不管你是用什麼方式壓抑你的感受，都會讓關係有所匱乏，而匱乏的正是那個可以讓你的關係美滿、有意義的要素。你無法說明它究竟是什麼，但你心裡知道，你們之間就是少了什麼關鍵的東西。

● 你們還是愛著對方，但是兩個人聚少離多。你們就像兩顆環繞著彼此公轉的行星，軌道偶爾才有交會的時候。由於缺乏團隊合作以及連結，你們追逐各自的道路，不管這些道路會不會讓你們聚在一起。

關係中缺乏熱情

如果你們已經在一起很久了，我知道你們在想什麼：「拜託，韋伯醫生，結婚十幾年的夫妻，哪裡還會有熱情？」

我的回答是：這樣的伴侶眞的很多。當然，熱情會隨著歲月而改變。但是在一段有情感連結的關係中，熱情不會消失。隨著時間過去，它只會變得溫醇、變得更加複雜。在關係初期，熱情來自於想要一直在一起、想要發生性行爲的強烈驅力，接著它會慢慢變成一種慰藉感，因爲你知道對方會和你長相左右。如果一段時間沒有見面，你就會期待相聚的時刻。你有著想要與對方在身體上親近的渴望，深深地瞭解對方在性愛上的需求，並且想要在性愛上取悅對方。

我們也經常在衝突發生時或是衝突過後，深刻地感受到彼此的熱情。衝突會激起強烈的情感，這便是一種熱情。一起解決衝突會強化彼此的信任感和連結，這也是一種熱情。

許多伴侶不知道他們能夠擁有熱情、或是應該擁有熱情，也不知道要怎樣才能確定自己和伴侶是不是依然擁有熱情。如果你們的關係裡缺乏熱情，可以從下面幾項指標看出來。

關係中缺乏熱情的跡象：

- 你們兩人很少吵架。
- 你們平常很少透過身體語言來傳達愛意。
- 缺乏性生活，或是缺少對於性愛的慾望。
- 覺得沒有和對方見面的需要或想望。

情感忽視導致的關係缺憾

進不去伴侶內心的高牆

【馬歇爾和梅兒】

第一次為馬歇爾與梅兒進行婚姻諮商的時候，我便覺得心情沉重。來這裡做諮商是馬歇爾的主意，梅兒事實上是被逼著來的。當馬歇爾在診療室傾訴他的痛苦、挫折和無助時，梅兒坐在那裡露出令人不解的、似笑非笑的神情。

「梅兒，對於馬歇爾剛剛說的話，你有什麼感覺？」我問她。

梅兒笑了起來，但是這樣的笑容與她眼裡的痛苦有所牴觸。「我不知道馬歇爾究竟怎麼了，」她說，「我覺得他應該要放輕鬆一點。我覺得我們的婚姻很好啊。」

在馬歇爾與梅兒的婚姻中，只有馬歇爾意識到他和梅兒之間有一道鴻溝。在情感上，他覺得自己和梅兒之間彷彿隔了百萬哩之遙。每當他試著要走進妻子的世界、和她連結，卻發現自己撞上了一堵無法穿越的石牆。

另一方面，梅兒對婚姻卻有著完全不同的體會。童年時期，她的感覺不見容於她的家庭，所以她把情緒往下壓、往外推。不幸的是，將梅兒與她的感覺阻隔開來的那道牆，也把馬歇爾擋在外面了。梅兒可能會覺得自己的生活有些空虛，但是她無法懷念她不曾擁有的東西——與他人在情感上的親密度。她在這段婚姻中覺得很舒服，因爲這和她在童年時所體驗到的親近感，程度類似。不過在隔離情感的狀況下，她慢慢地把每個她在乎的人逼到絕境，當馬歇爾敲著她的高牆並且要求「讓我進來！」的時候，她開始覺得這段婚姻讓她不太舒服。

每個「童年情感忽視」個案都會發展出一套獨一無二、逃避情感的方法。在面對另一個人的情緒時，有些人會用笑聲或是打哈哈來帶過；另外有一些人會呆若木雞、講話講個不停、坐立難安、試圖改變話題、或是乾脆離開那個地方。梅兒則是使用她的笑容，還有，稍早當馬歇爾試著告訴梅兒他對這段關係有何需求時，她的頭腦就像當機一樣，使得對話無法繼續。

在診療室裡，梅兒用笑容來「保護」自己、馬歇爾和我，讓我們不必承受她的感覺。她的笑容是她在原生家庭裡習得、也運用得很好的一個工具。微笑傳達了一種情緒——「快樂」，這是許多「童年情感忽視」家庭能夠接受的唯一一種情緒。一個微笑的孩子或成人，對於任何人來說都不是問題；一個微笑不會引人注目，或是讓旁人覺得你有什麼要求；微笑除了可以取悅別人，還能讓所有的人對你放心：「不用擔心我，我很好。」

梅兒的笑容和她對於問題的否認，這兩個方法都能輕易地把馬歇爾逼到絕路。當然，她並非有意識地選擇這些作法。這些作法事實上是童年在她身上所造成的刻痕，而她也只知道這樣的方式。

「童年情感忽視」有個明顯的特徵，那就是它一點也沒有戲劇性。一般來說，你不會看到遭受「童年情感忽視」的伴侶爆怒或是吵架的場景，劇情裡頭也沒有「大壞蛋」這個角色。雙方很難採取行動來解決一個看不見、模糊、而又難以描述的問題，而且你很難去指責一個基本上沒有私心、沒有惡意的伴侶。

對於所有受到「童年情感忽視」影響，然而卻沒有面對它、療癒它的伴侶來說，有一件事是肯定的——這道不斷擴張的鴻溝，最後會讓他們離得越來越遠。沒有人的需求會獲得滿足，沒有人會因爲受到刺激而成長，沒有人會成爲贏家。

另一方面，只要伴侶其中一方開始覺得受不了、開始挑戰對方，這對伴侶的成長潛能便是非常可觀的，因爲溫情、連結、衝突管理技巧、以及情緒技巧都是可以學習的。像馬歇爾和梅兒這樣的伴侶，預後的狀況經常很棒。

當然，並非所有的「童年情感忽視」伴侶都像馬歇爾和梅兒一樣。親密關係中的「童年情感忽視」可能會呈現出各種樣貌，兩個人的個性對於他們之間「童年情感忽視」的交互作用也有著很大的影響。

感受不到自己眞正的情感

「奥莉薇和奥斯卡」

當奥莉薇和奥斯卡來到我的診所時，他們的婚姻已經搖搖欲墜。他們已經有好幾年的時間缺乏真正的溝通，然而兩人對於彼此的誤會和猜測就像是雜草，在沒人看顧的花園裡肆意生長。這對伴侶各自面無表情地坐在我的診療椅上，努力地想要說明他們為何來找我。

「我真的已經受夠這段婚姻了，」奥莉薇最後直白地這麼說，「我們都已經結婚這麼久，但是奥斯卡還是一點也不瞭解我。」

「我當然瞭解，而且事實上非常瞭解。」奥斯卡說，「而且這就是她『受夠』這段婚姻的真正原因。」（對，奥斯卡用手指頭幫「受夠」這兩個字比出了帶有諷刺意味的雙引號。）「她從來不肯承認自己真正的動機。」

第一次與他們諮商時聽見這段對話，我感到有些驚奇。有趣的是，在與奥莉薇簡短的互動之後，我就知道她不是奥斯卡口中那種有心機的人。我也看到奥斯卡身上帶著許多憤怒，奥莉薇卻似乎沒有察覺。

奧莉薇在諮商過程中脫口而出「我已經受夠這段婚姻」的宣告，對於「童年情感忽視」個案來說是相當典型的。她缺乏表達細微、善變情緒的溝通能力，也無法瞭解問題、或是將各種問題用語言表達出來。在那個片刻，她說出了唯一一個她想得到、而且可以傳達她強烈情緒的語句。我發現許多「童年情感忽視」個案終於決定要把自己的痛苦表達出來的時候，經常會做出這種極端的陳述。

奧莉薇和奧斯卡在這段雙方都遭受「童年情感忽視」的關係中，有兩道高牆必須面對。令人難過的是，在他們的婚姻中，沒有人想去敲對方的牆。這些年來，他們之間的鴻溝不斷擴大，現在已經異常寬闊。他們兩人都相當聰明、善良、討人喜歡，而且看起來是非常登對的伴侶。不過即使有這些誤會和憤怒，我仍可以感覺到他們依然愛著對方。

在童年時期，奧莉薇和奧斯卡沒有機會瞭解什麼是「情感親密度」。他們在原生家庭中從未體驗過、或是看見父母在情感上表現出親密的樣子。他們兩個都是聰明、善良、體貼的人，然而卻無法觸及自己的情感，也缺乏必要的情感技巧，因此無法和伴侶在情感上共創或是維繫真正的親密關係。

和「童年情感忽視」個案進行諮商工作的時候，我有個特別的感覺，那就是：我彷彿試著把兩個正極或是兩個負極的磁鐵推在一起，但是它們之間卻有著某種強烈的力量，使得它們無法向對方靠近。

打破這種力場的唯一方法，就是幫助他們以一種簡單的方式開始去覺察自己的情感。藉著以一種微妙而又可以強化情感的方式來談論自己的感覺和彼此的關係，兩個人就會開始產生小小的轉化，一個小小的轉化接著另一個小小的轉化，一個又一個。如此一點一滴，最後他們會漸漸地把臉轉到一個特定角度，開始微微地互相吸引。

當吸引力出現，眞正的修復工作才能開始。

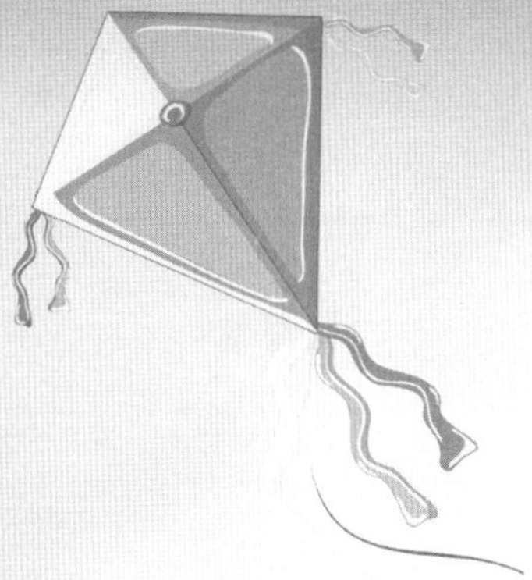

4

如何和伴侶談論童年情感忽視

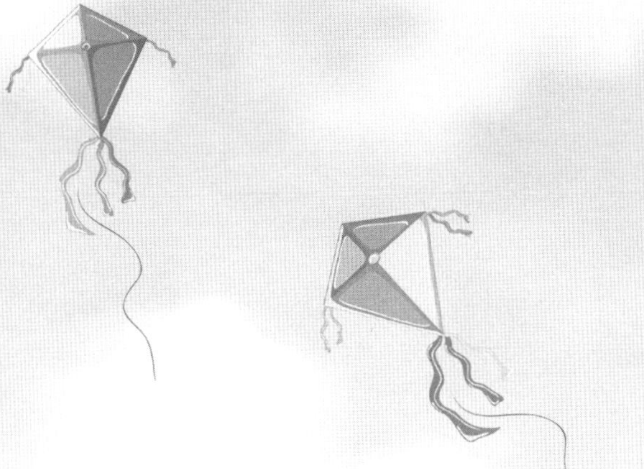

「當你對伴侶提起『童年情感忽視』，這不是一種拒絕。相反地，這是一個邀請，邀請你們朝著彼此再靠近一點。」

「馬歇爾和梅兒」

當馬歇爾第一次領悟到他在婚姻裡並不幸福，問題才剛要開始。當他變得越來越不快樂，他開始瞭解到自己必須多下點工夫，想辦法和梅兒討論這個議題。他不知道哪裡出了問題，不過他覺得自己撞上一堵巨大的牆，而他得越過這道牆，才能進入梅兒的世界。

幾個星期、幾個月、幾年過去，馬歇爾在兩種感受之間不停擺盪：有時候他覺得自己在婚姻裡頭極度不快樂，有時候又覺得自己一定是瘋了，畢竟，他的婚姻中還是有很多美好的事：他深愛著自己的妻子，而且非常享受兩個人在一起的時光——家庭假期、週六下午的單車小旅行、或是孩子們入睡後的寧靜夜晚，這些都相當令人滿足。

對孩子來說，梅兒是個脾氣好又有愛心的母親，而且還是一個成功的律師。馬歇爾經常在想，自己怎能再要求更多。每次他想要和妻子談談自己的不快樂，都會讓他覺得自己很糟糕，甚至開始懷疑自己。他會用梅兒的優點來提醒自己，並且下定決心只看這些優點，別理會緊緊糾纏著他的那種虛無縹緲的不滿足感……

【奧莉薇和奧斯卡】

結婚多年後，奧莉薇和奧斯卡的生活突然發生了一件讓他們措手不及的事情——醫生告訴奧斯卡他罹患了腎臟癌。當他一步步進行各種嚇人的檢查和診斷時，他知道奧莉薇一直陪在他身邊。話雖如此，奇怪的是，他同時又覺得奧莉薇不在他身邊。他發現自己不得不在每次看診後打電話給他的姊姊布莉特，向她報告自己看診的狀況、醫生說的話，以及接下來的醫療程序。不知為何，和布莉特講講話會讓他覺得好過一點，但是和奧莉薇講話卻沒有什麼幫助。

奧斯卡不明白為什麼和布莉特說說話會讓他覺得比較好過。對他來說，奧莉薇所做的一切都沒有問題：她一再要他放寬心，說他一定會沒事，一切都會好好的。不過布莉特就不一樣了，當他告訴她自己的診斷結果時，布莉特哭了。在他們的對話當中，布莉特和他分享了自己的感覺，並且以一種實際的方式和他討論醫生的建議，陪他仔細考慮各種可能性，不管是好的還是壞的。她會留意奧斯卡說話的語調，問他對於各種事情的進展有什麼樣的感覺。手術過後，當奧斯卡知道體內的癌細胞已經清除乾淨、而且不需化療的時候，他首先想到的是要和布莉特——而不是他的妻子——報告這個好消息。

在癌症風波過去之後幾個月，奧斯卡對於自己的感覺還是相當不解（因為這樣的感覺一點道理也沒有）。他不明白為什麼會這樣，但他覺得在自己最需要奧莉薇的時候，奧莉薇卻讓他失望了。對於自己擁有這樣的感覺，他感到有些慚愧，因為奧莉薇在這一嚴酷的考驗中全程陪著他。

「到底怎麼了？到底哪裡出了問題？我怎麼會對愛我的奧莉薇有這種感覺？」他常常這麼想。這樣的罪惡感和困惑阻礙了他，所以又過了一段時間，奧斯卡才要求奧莉薇跟他一起去進行婚姻諮商。

發現自己的伴侶遭受「童年情感忽視」是非常特殊的體驗。你覺得你和對方的關係出了問題，但是又難以相信自己的感受。你知道這段關係中少了點什麼，卻無法確定那究竟是什麼。你可能愛著你的另一半，卻又覺得他難以靠近。你最想要的是從對方身上獲得某種感受，不過你卻無法說明。在外人眼中，你的婚姻幸福美滿，從很多方面來看，的確也是這樣。不過你卻覺得自己非常茫然。

有很多方法可以讓你知道自己是不是該和伴侶談談「童年情感忽視」這個議題。比如說，你可能發現自己在情感上忽視了另一半；或是你懷疑另一半遭受「童年情感忽視」，想要和他談談這件事；也有可能你發現你們兩人都有「童年情感忽視」的症狀，所以想要和對方一起探索這個問題。

不管你的狀況如何，有件事是肯定的：因爲你是讀這本書的人，所以採取行動的責任就落在你頭上。你是意識到問題的那個人，所以必須當那個先走向對方的人。這感覺起來似乎是一個不公平的負擔，我瞭解！不過實際上，與其說它是一個負擔，不如說它是一個轉機。你現在擁有知識所賦予你的力量，而我會幫助你運用這樣的力量來改變你的親密關係。

你現在可能覺得自己責任重大，而且要和伴侶討論一個就情感而言那麼富於挑戰性的問題，比如說「童年情感忽視」，一定覺得非常惶恐，所以我會盡可能爲你指出方向並且提供支持。讓我們一步一腳印地處理這件事。

我們的第一步，就是要讓你變得更堅強、更有自信，幫助你做好準備以迎接挑戰。

困難卻必要的邀請

無論你有沒有和伴侶討論過關係中的問題，要開啓這樣一個話題還是相當令人害怕，彷彿以身犯險，因爲你不知道伴侶會如何回應，或者自己會不會成功。

如果你在成長過程中忽視了自己的情感，或許你渾身上下的每根纖維都會阻止你採取行動。你的直覺可能會大叫：「不要惹麻煩！」或是「不要傷害對方！」如果你的伴侶有「童年情感忽視」議題，你大概已經接收過很多類似的訊息，不管是直接的或是間接的。「情感忽視」會讓人覺得去談論那些困難、痛苦、或是和情感有關的話題是錯誤的。「情感忽視」會讓你因爲害怕傷害另一個人而不敢把眞心話講出來。我已經看過太多、太多「童年情感忽視」的案例，他們不敢對伴侶談論自己在關係中所遭遇的挫折感，他們會說：「我不想當壞人。」

要知道，這種想法是大錯特錯的。對伴侶坦誠不只是一種義務，也是你能爲對方做的事情當中最富於愛意的一件事。當你對伴侶提起「童年情感忽視」，這不是一種拒絕。相反地，這是一個邀請，邀請你們朝著彼此再靠近一點。重要的是，你必須確定自己可以狠下心來就事論事。要明白，你是以同理對方的角度出發，藉著說出眞心話來表達你的愛，並且向對方提出一個困難的邀請。

當你接著閱讀第一部分接下來的章節、還有當你開始和伴侶對話時，以下是供你參考（如果能夠記住當然更好）的幾個一般性指導原則。

開始對話前的指導原則

- 叩問伴侶的高牆是你的責任，但是要不要回應是她的決定。這件事的結果是你無法控制的。
- 「童年情感忽視」聽不到也看不到，個案並非出於自願選擇了它，所以這個問題不能歸咎於任何人。
- 你的伴侶沒有覺察到哪裡有問題，也不是故意要把你推開。
- 「童年情感忽視」個案也能享有長久的愛情關係，只是隨著時間過去，這個問題會遮蔽雙方的愛意，不過愛依然存在。
- 如果關係受到「童年情感忽視」影響，修復的成功率相當高，只是伴侶雙方都必須開始意識到這個問題。
- 在親密關係中，對伴侶坦白地說明自己對關係有何意見，是一種充滿愛意而且貼心的行爲。

開始對話前的心態調整

- 要知道，帶著同理心說眞話，是一種具有建設性且充滿愛意的行爲。如果你的伴侶產生防衛反應，覺得自己受到批判、或是對你發脾氣，不要因爲這樣就放棄這些必要的知識，因爲它能夠繼續爲你提供支持。

●調整自己的期待。這很重要：不要期待一次對話就能獲得立即的成效。把第一次的對話當成播種，我們希望這些種子能夠發芽，並且在日後長成各種不同的植物。在接下來的日子裡，你可能要和對方繼續對話好幾次。在不同的階段，個案對於「童年情感忽視」會有不同的瞭解，一個階段、一個階段慢慢來。你的耐心是未來成功的關鍵。

●你可能會生氣或是責怪對方，請對此保持覺察，千萬不要把這些情緒帶到對話裡頭。如果你因爲「童年情感忽視」而發脾氣或是責難對方，哪怕只有一點點，也會讓對方更難接受或吸收你的訊息、或是給你善意的回應。

●和伴侶談話之前，盡可能地吸收和「童年情感忽視」有關的知識，如此，你在對話時才能知無不言，或是回答對方可能產生的疑問。如果你自己也爲「童年情感忽視」所苦，在你和伴侶談話之前，盡量多對自己的狀況下點工夫。

在談論任何困難的議題之前，最好先做計畫。做計畫有很多好處，也能有效提高對話的成功率。就我們的狀況來說，做計畫意味著我們必須爲這個令人緊張而又艱險的問題或話題，選擇一個適當的討論時間、討論地點與討論方法。

爲了做出適當的決定，你必須對自己的伴侶有充分的瞭解。她的防衛性是不是很強？你只要有意見，她都覺得你在怪她？面對帶有情緒的議題，她是不是會立刻當機？他有沒有「千錯萬錯都是我的錯」的傾向，或是面對你的提問時感到自責和羞愧，覺得自己不是完美的伴侶，因而讓你失望了？總的來說，你越能預測對方的反應和感受，你就越能爲這次的交談做好準備，你們的談話也會更有成效。

爲雙方的對話預做練習

研究指出，如果你能想像自己做某件事情，在現實生活中，當你做這件事情的時候便能獲得更好的表現（Sanders and Sadosky, 2008）。這個技巧對於運動員、外科醫生、演說家都很有幫助。確實，在腦海裡描繪一個行動，能幫助你做好準備，讓你順利完成任務。所以，現在就讓我們運用大腦的力量：首先，想想你要和伴侶說些什麼，接著把它講一遍。

要這麼做，先找一個你可以獨處、不會受到打擾的房間。閉上眼睛，想像你和對方坐在一起，正在談論某些重要的事。盡可能地想像出這個場景的各種細節：你們人在哪裡？那時候是白天、下午、還是晚上？對方現在的情緒如何？

現在，想像你這麼說：「我覺得我想通一件對於我倆關係而言非常重要的事，我們能談一談嗎？」

現在，張開你的眼睛，問問自己：在你的想像中，當你對伴侶說這些話的時候，你有什麼感覺？你的伴侶如何回應？這是你所能達成的最佳狀況嗎？有沒有其他更好的時間與地點？如果你在剛剛的狀況裡有點緊張，那麼再多想像幾次會有很大的幫助。試著去想像對方可能會給你的各種回應，以及各種場景的細節，看看還有沒有需要調整、改進的地方。記得，不管你腦海裡的對話設計得有多好，你能掌握的只有你的那一半，剩下的就要看對方了。

【馬歇爾和梅兒】

現在是傍晚，梅兒和孩子們都不在家，馬歇爾獨坐在黑暗的客廳裡。他閉上眼睛，想像自己要在下週末梅兒第十五屆高中同學會之後開車接她回家。他想像自己在車子裡拉著梅兒的手，對她說：「梅兒，我愛你，你知道的。不過我最近學到一件事，我想和你聊聊，這或許可以解釋為什麼我老是覺得我們之間少了點什麼。」

雖然馬歇爾的眼睛看著路面，他還是可以感覺到梅兒的眼神有些閃爍。「馬歇爾，你不會又來了吧？這個週末我們玩得很開心，你為什麼要這麼掃興？」不過馬歇爾已經做好準備，所以他沒有因此而退縮：「對不起，親愛的，我沒有那個意思，我只是想拉近我們之間的距離，讓我們變得更幸福。可以請你先聽我說完嗎？」

梅兒沒說話，他知道她正在聽。

馬歇爾選擇了這樣的場景——汽車內、他們獨處時，以及愉快的週末之後——對梅兒提起「童年情感忽視」這個議題。他以一種認真推敲過、不帶任何責備意味、而且充滿關愛的方式來破題。他沒有因爲梅兒表現出反感而僵在那裡或是被擊潰。他已經做好萬全的準備，並且以帶著愛意的堅持來回應梅兒的挫折感。現在，讓我們回到剛剛的場景。

梅兒默默地聆聽，他繼續說：「之前我說過，雖然我們深愛著對方，但我覺得我們之間好像有些不對勁，似乎缺少了什麼。這個問題困擾我很久，不過我終於知道問題出在哪裡。往好的方面看，這不是你的錯或是我的錯，而且我們可以一起解決這個問題！只要我們有共識，我們就可以一起解決它。」

講到這裡，梅兒依然保持沉默，但是略顯不安。馬歐爾知道她在聽，也知道她此刻感到相當無助。

「梅兒，我知道你有在聽，我實在是太愛你了。我最近看到一個關於『童年情感忽視』的網站，以及這個症狀會怎樣影響婚姻關係，聽起來就像是我們的狀況。」

如果你有留意，你會知道馬歐爾的用字遣詞充滿了愛意。他知道在這種時候，梅兒可能會覺得害怕並感到脆弱，所以在必要的時候，他便說些情話讓她放心。在對梅兒談話的時候，馬歐爾說，「童年情感忽視」或許是他們倆「婚姻問題」的解答，而不是責備「梅兒」有問題。這點非常重要。千萬不要用「童年情感忽視」來指責伴侶。「童年情感忽視」不是標籤，而是途徑——通往深度親密和幸福的途徑——以這種方式把這個概念介紹給伴侶相當重要，就像馬歇爾在視覺化練習中所做的。

一般而言，和伴侶提出這個話題的最佳時機，最好是在你們兩人心情都很好、而且親密共處的時候。你可能會擔心，在你們幸福又親密的時刻提出這種令人痛苦的話題，可能相當煞風景。的確是有這個可能。不過爲了增加對話的成功率，這是你們必須付出的小代價。

對某些伴侶來說，要討論這件事，最好事前先跟對方知會一聲。約訂時間來討論重要的事，或許能讓對方做好心理準備。此外，你也要考量伴侶的脾氣、個性、以及你們之間互動的特質，利用視覺化練習來想像各種可能性，然後做出最好的判斷。

談論童年情感忽視的技巧

首先，讓我們來複習一下和伴侶討論「童年情感忽視」的幾個重點。接著，我們再來談談要怎麼把目標分解成幾個比較小的單元，確保它們變得容易實行。

最後，你的目的是要幫助伴侶發現以下幾件重要的事：

- 在成長過程中，你們其中一方或是雙方都有著低度的情感覺察能力（即「童年情感忽視」），這個狀況爲你們成年後的親密關係帶來了一連串的問題。

- 你們的關係中缺少了某個至關重要的元素。
- 這件事不是任何人的錯。
- 「童年情感忽視」是一個可以解決的問題。
- 只要開始注意、重視自己的感受，便能彌補彼此情感上的隔閡和盲點。
- 你們所缺乏的情感技巧都能透過學習而獲得。
- 你愛著對方，只要好好處理「童年情感忽視」這個議題，你們就會擁有更緊密、更堅定、更有回饋、更美滿的親密關係，這亦是你的願望。

你的終極目標是讓伴侶和你齊頭並進，更深入地瞭解「童年情感忽視」。這樣一來，你們會對婚姻問題有更多共識，也能運用共同的語彙來討論問題，朝著共同的生活目標前進。這樣的討論會爲你們開啓一扇門，讓你們成爲彼此的好隊友，一起改善彼此的情感覺察能力、親密度和相互瞭解。

你可能還記得我在前面提過的，和伴侶談話之前，調整好自己的期望是很重要的。第一次談話的目標不是要改變任何事情、或是讓你們的問題豁然開朗，而是要在對方的頭腦裡種下一顆種子——讓對方感到好奇，即使對方可能會因爲防衛心態而掩埋這顆好奇的種子。盡你最大的力量，但是不要期待第一次談話就能獲得天大的成效。

如果對方肯聽，就算只有短短幾分鐘，第一次談話就算大功告成了。如果她能把「童年情感忽視」這樣一個專有名詞聽進去，這已經是一種成就，因爲你比剛開始又多前進了一步。

你們之後很可能還會針對這個議題談論好幾次，所以在第一次的時候，只要把這個觀念帶出來就可以了。這樣就成了，這樣就很好。在往後的談話中，你可以試著繼續往前推進，一次一步就好。一旦你把這個觀念介紹出去，下一個目標就是鼓勵對方閱讀一些和「童年情感忽視」有關的資料。或許你的伴侶會從閱讀中獲得更多好處，因爲當我們閱讀的時候，一般來說比較沒有那麼強的防禦心。

你應該請對方讀哪些東西呢？以下是我的建議，不過只有你知道哪些內容比較適合，因爲你才是瞭解自己伴侶的那個人。我建議你可以瀏覽「童年情感忽視」網站（EmotionalNeglect.com）。當你在瀏覽的時候，想像你變成對方——她會在其中一些文章或是在「童年情感忽視」的介紹中看到自己的影子嗎？如果你覺得會，把文章的連結傳給她。我們的主要目標是要讓她進行「童年情感忽視自我評量表」的測驗。

如果雙方都有童年情感忽視

我們說過，如果這是你的處境，你必須同時面對兩個問題：首先，你得跨越一道很大的鴻溝才能和伴侶溝通。其次，你必須處理自己的「童年情感忽視」問題。我知道這個任務感覺起來非常艱鉅、而且有些可怕，不過我保證這一切絕對値得。

事實上，和馬歇爾的狀況比起來，你反倒還擁有某些優勢。你不像梅兒，因爲你的伴侶大概不曾試著突破你的心防，所以在你們的關係中，對方比較不會覺得你把她擋在門外，而或許她也沒有那麼脆弱。此外，你也用不著告訴對方她有「童年情感忽視」的問題，而是要讓她知道你們兩人都有這樣的症狀。你要傳達的訊息是：「我們倆都帶著這個症狀過日子，我們都是問題的一部分，我們兩人都要修復自己以及修復我們的關係。」這樣的說詞，因爲包括了你們兩個而不是只有對方，比較不帶有責備的語氣，所以也較不會激起對方的防衛反應。

還記得奧斯卡和奧莉薇的雙重「童年情感忽視」關係嗎？在手術過後，奧斯卡發現姊姊給了自己深度的支持，然而奧莉薇卻沒有，於是他上網查詢各種婚姻問題的相關訊息，因而發現了「情感親密度」這個詞彙。他越是參考這些資料，他就越明白一件事——自己和奧莉薇缺乏情感連結和處理情感的技巧。所以，他開始想辦法要讓奧莉薇知道這件事。

【奧斯卡和奧莉薇】

奧斯卡做了一件就他而言有點反常的事情：他邀請奧莉薇一起出遠門，用一趟為期四天的週末小旅行來慶祝他們結婚二十週年。一開始，奧莉薇看來有些訝異，她並不喜歡這個點子。但是奧斯卡告訴奧莉薇，度假的地方有美麗的陽光海灘和網球場，所以她還是同意了。

在那個週末，少了日常生活的壓力，奧斯卡和奧莉薇兩人都放鬆許多。他們之間的隔閡依然存在，不過他們都很享受彼此的陪伴，這也是他們之間一直以來最重要的親密感來源。

就這樣過了兩天輕鬆的日子。在深思熟慮一番之後，奧斯卡決定鼓起勇氣。他坐在海灘上，一邊用腳趾頭挖沙、一邊說：「奧莉薇，我可以問你一個問題嗎？最近我突然發現，我們似乎沒有像以前那樣常常在一起了。以前週末我們通常都會一起活動，但是大概從去年開始，你都和朋友有約。當然，這沒什麼不好，不過我有時候會擔心我們會離彼此越來越遠。」

值得注意的是，奧斯卡選擇了一個非常理想的時機，而且他說的話並不會激起奧莉薇的防衛性。他用了很多次「我們」，而且小心翼翼地不要說出任何具有指控或是責備意味的話。他已經猜到奧莉薇會說什麼，你接著就會讀到，而且他已經準備好要接招了。

「別說傻話了，」奧莉薇說，「我會和朋友出去，是因為你經常在地下室忙你的事，我對這件事沒有意見，一切都很好。你想到哪裡吃午餐？」

在這裡，奧莉薇說的話是「童年情感忽視」個案的典型回應。她把注意力放在行爲上，而不是放在感受上。她沒有對奧斯卡的憂心做出回應，而是簡單地否定了這件事，接著就試圖改變話題。

「是啊，我想我們之間配合得很好。我想你了，如此而已。你懷念我們在一起的時光嗎？」

「這個嘛，當然啊！不過你的工作壓力似乎很大，而且需要時間獨處，所以我就讓你如願。」奧莉薇在回答的時候，語調有點尖銳，不過她絲毫沒有察覺。

「噢，我不知道原來你是這樣想的。事實上，和以前不一樣，我現在幾乎沒有什麼工作壓力。不過我知道你為什麼會這麼想。我最近讀到某個理論，它解釋了為什麼伴侶會隨著時間過去而離彼此越來越遠，並且還誤會對方。我知道我也常常誤解你的意思。你願意看看這本書嗎，就當作是為了我？」

「好，但是你要答應我，這件事就談到這裡為止了。」奧莉薇回答，「而且你還沒說我們到底要去哪裡吃午餐？」

從這段對話來看，你知道這對伴侶沒有剷除什麼障礙，也沒有獲得什麼了不起的啓示，但這已經是個了不起的成就。在這樣簡短的對談中，奧斯卡對奧莉薇提出一個想法：某件事情可能錯了，而他或許有答案。奧莉薇則是同意讀一本書（奧斯卡也可以要她讀一篇「童年情感忽視」的文章，這對某些人來說或許比較可行，因爲文章的篇幅比書籍短得多，提出這樣的要求也比較沒有負擔。）

在這段對話裡，奧斯卡沒有提到「童年情感忽視」這個專有名詞、或是它的縮寫CEN，因爲他不覺得奧莉薇會認同「情感忽視」這樣的字眼。如果你的伴侶曾和你分享過某些讓你聯想到「童年情感忽視」的童年經歷，或許他會對這個詞彙產生共鳴。如果是這樣的話，在第一次談話時就提出這個字眼或許是個好主意。對某些人來說，這個字眼會挑起他們的興趣；對於另外一些人來說，如果他們並未察覺自己在童年有所匱乏，這個詞彙反而會讓他們產生抗拒。

即便沒有使用這個詞彙，僅僅只是透過對話，奧斯卡依然爲他和奧莉薇的關係種下了一個健康的種子，隨著時間過去，他們之間便能發展出眞正的瞭解。事實上，就是因爲奧斯卡在初次的對話中爲「童年情感忽視」打下基礎，後來他才有辦法把奧莉薇帶到我的診療室。我們晚點再來仔細討論他們的進展。

如果伴侶無法敞開心房

如果對方的「童年情感忽視」問題很嚴重，如果你們的關係充滿憤怒（特別是日積月累的怒氣），或是如果你們的關係非常冷淡，要讓伴侶對你敞開心房便幾乎不可能。你可能會覺得好不容易才有一點突破或是進展，就像前文奧斯卡所做的努力，卻因爲對方拒絕你而讓你無法繼續下去。如果你眞心誠意想要改善彼此的關係，這樣的結果或許會令人感到既失望又挫敗。

如果你發現自己陷入這種局面，在對伴侶伸出援手之餘，也要記得照顧自己的需求。要知道，這個過程沒有固定的公式可以依循，而且每對伴侶都不一樣，所以也會有不同的過程。當你試著突破對方的心防，對自己的感覺多加留意也很重要。遇到困難沒有關係，在過程中經常覺得痛苦也是正常的。不過如果你覺得這件事快要把你撕裂，請對此保持警覺，稍微暫停一下。如果這種狀況持續下去，或許到了某個時間點，你也只能放棄。

我不希望你因爲持續地叩問一道不願爲你敞開的高牆而犧牲自己的情緒健康。如果你也受到「童年情感忽視」，這可能會讓你再度經歷幼時遭受情感忽視的狀況，讓你回想起自己在過去無人重視、飽受拒絕、沒人在乎的感受。如果你遇到這種狀況，請記得一個重點：持續地對內在的感受以及感受的起因保持覺察，確保自己不會讓這樣的狀況流於失控。

我曾經見過處於這種狀況的個案以兩種不同的方式安然度過。我也見過一些人以第三種方式來應對，但是成功率比較低。在下列幾個選項中，我會先討論我認爲比較不可行的方法。

面對伴侶抗拒時，你可以使用的三個方法

1.放棄、撤退、撒手不管。如果你自己有「童年情感忽視」的議題，這種作法或許是你的自然傾向。你可能會覺得退回自己的「童年情感忽視」模式，並且活在自己的小世界裡比較安全、舒服、而且容易許多。問題在於，這種作法不能眞正解決問題。一旦你開始領

悟「童年情感忽視」的威力和破壞力——不管是你的或是伴侶的「童年情感忽視」——你就無法再走回頭路了；就像是一個烤好的蛋糕，你無法把它變回原來的材料。或許你躲得了一時，但是這個問題到頭來還是會抓住你。時候到了，你還是得決定這段關係要何去何從。

2. 把焦點放在自己身上，療癒自己的「童年情感忽視」。放棄突破對方的心防不必然是壞事，有時候保護你自己的健康是必要的——不管是情緒上或是身體上的健康——而放棄是你唯一的選擇。放棄和對方溝通，不代表你要放棄自己、甚至是放棄這段關係。你可以繼續在自己身上下工夫：讓自己變得更強壯、修正自己的盲點、學習你所沒有的情緒技巧，還有敞開自己，讓其他人靠近你。找一個可以支持你、幫助你的治療師，和治療師談談伴侶的「童年情感忽視」問題。不用對伴侶隱瞞這些事情，但也不要對此大做文章。只要靜靜地、正大光明地療癒你自己。你的伴侶極有可能因爲你的改變而必須重新調整自己，這會爲他帶來一些刺激。他可能會覺得自己好像就要失去你，而這或許會讓他更願意敞開心胸來改變自己。

3. 最後通牒。你必須很堅強才能下這一劑猛藥，對於許多「童年情感忽視」個案來說，這也是最困難的一個選項。「童年情感忽視」個案常常會覺得下最後通牒是一件刻薄而且不道德的事，不過事實上並非如此。如果最後通牒出自你眞實的意願，它便成爲一項四合一的行動：你爲自己發聲、保護自己、宣告自我價值、同時挑戰你的伴侶。如果你覺得這段關係已經來到臨界點，亦覺得自己夠堅強，而且開始對於伴侶的高牆失去耐性，對你而言，發出最後通牒或許是恰當的選擇。告訴對方：她必須和你一起進行婚姻諮商來挽救這段關係，告訴她你沒辦法這樣生活下去。不過，只有當你做好心理準備，無論結果如何你都要把這件事情解決，你才能給對方下最後通牒。你可以放心，就我輔導過的個案來說，這個辦法對於大部分的伴侶都相當有用。當一個人意識到自己的關係可能會結束，他們便會受到刺激，從而願意面對自己這輩子最大的恐懼。

許多人在努力攻克伴侶的心防時，會綜合以上三種方法來加以運用。或許頭幾年你會運用第一個方法，用否定的態度來面對問題。接著，你開始認眞對自己下功夫，讓自己成長、變得堅強，塡補自己的盲點和情感上的空虛（特別是如果你也遭逢「童年情感忽視」議題）。當你變得更強壯，你可能會發現自己不得不對伴侶發出最後通牒。

這樣的進程相當自然，意味著你在進步，這是一件很棒的事。所以如果這是你的狀況，恭喜了。你正在成長、改變，並且在人生的路上往前邁進。如果你在過程中感到痛苦，這也是成長的自然結果。現在你比以前還要堅強，我相信你可以安然度過。

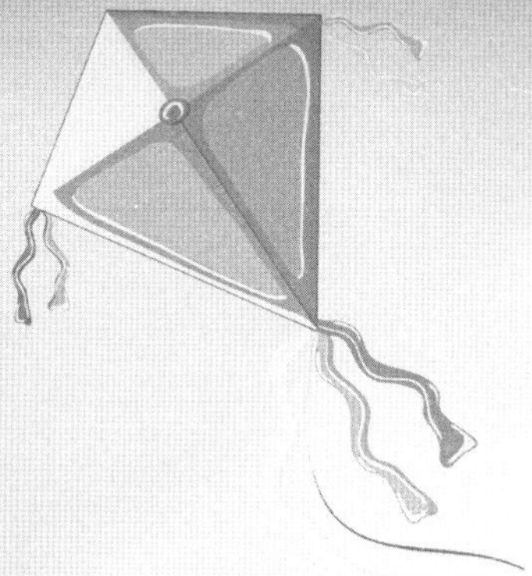

5

從疏離回到坦誠的親密關係

「和對方分享你對於事物的感受，你們便能快速地穿越事實和細節，直接進入重點。」

如果你對每個認識的人進行意見調查，問他們：「要維繫一段成功、長久、互相承諾的親密關係，最重要的因素是什麼？」我相信大部分的人都會回答：愛、陪伴、或是兩個人之間的化學作用。

當然，這些因素都很重要。不過在我從事伴侶治療的這些年來，我發現有個很少被察覺到的因素，然而它卻比上面三個因素更重要。

答案就是「技巧」！

是的，技巧！爲什麼我要加一個驚嘆號呢？因爲我想和你談談跟技巧有關的事，而這讓我感到激動。就我所見，技巧能讓愛情升溫、讓戀人長伴左右，並且促進、維持兩個人之間的化學作用。關於技巧，現在我要告訴你它最棒、最令人讚歎的一件事就是——請奏樂……

技巧是可以學的！這是眞的。不像愛情、陪伴和化學效應，技巧可以透過學習而獲得。「那爲什麼我還不會呢？」或許因爲「童年情感忽視」，讓你現在感到有些自責，而我要給你最眞實的回答是：因為你的原生家庭並未擁有這些技巧，所以你錯過了原本應該在童年時就要進行的情感訓練課程。停止質疑自己和責怪自己是很重要的，把你的注意力集中在眼前的事情。一切都不算太晚，讓我們一起來學習這些技巧。

但是在我們開始談論特定的技巧以及如何建立這些技巧之前，讓我們溫習一下第三章談到的健康關係要素。在本章中，每一種建立情感技巧的練習都會改善以下四種關鍵能力：

- 「自我認識」意味著你在各個方面、各個層次的自我瞭解。
- 「情緒覺察力」包括了你覺察自我感受與伴侶感受的意願和能力。
- 「情緒技巧」是一種正確解讀、瞭解、回應自己感受與伴侶感受的能力。
- 「溝通技巧」是以伴侶能夠接受的方式，將你的情感和需求表達出來的能力，還有傾聽、瞭解伴侶訊息的能力。

現在讓我們進入練習。這些技巧是綜合性的，根據你自己和伴侶特定的盲點，你可能會覺得某些技巧比較容易、另一些則比較生疏。這個練習充滿了各種可能性，請選擇那些你覺得對你最有幫助的。不過還是要注意一下，我為這些技巧安排了一個順序，這樣你才能循序漸進，所以如果可以，還是從前面的技巧開始，接著再慢慢地往下練習。

和伴侶建立情感上的連結

增進自我認識和表達你的想法

要增進自我認識，保持「正念」是最好的方法。正念意味著讓你的頭腦停留在當下，並且對身體的內在反應保持覺察。你現在正在做什麼？你現在有什麼感覺？你現在爲什麼做這件事情？你現在爲何有這種感受？

對於我們大部分的人來說，正念並非一蹴可幾，尤其是如果我們的情感在成長過程中受到忽視。構成「童年情感忽視」的其中一個要素，就是把注意力過度地放在外在世界：其他人正在做什麼？其他人正在想什麼？爲什麼？這種向外延伸的覺察力會消耗掉你大部分的能量，讓你沒辦法把注意力放在眞正重要的事情上——你自己。

如何保持正念？最好的方式是參加靜心冥想課程。和伴侶一起上課，是學習與創造連結最好的方法。你們可以線上學習，可以參加實體課程，也可以觀看DVD或是收聽MP3的引導式靜心冥想，而最後一項能夠特別針對你的需要爲你提供主題式的靜心冥想。

練習1 「自我認識」工作清單

請記得要從這裡開始，就像我在第三章提過的，第一步是好好地瞭解你自己，如此，你才能正確地表達自己，你的伴侶也才有辦法對真實的你做出回應。

我建議你和你的伴侶填寫「自我認識」工作清單。你們可以在過程中繼續補充更多的細節，用一個月左右的時間，在日常生活中對清單上的問題保持覺察，並且補充任何你想到的東西，無論大事、小事都可以。

一個月後，和你的伴侶交換清單，閱讀對方的清單，並且在上面加入一些伴侶沒有注意到的細節。接著看看伴侶對你的註記，將你感到訝異的地方標記出來，和對方就這些項目進行討論。

「自我認識」工作清單

你想要什麼？	你對什麼感到有熱情？	你喜歡什麼、不喜歡什麼，為什麼？	你喜歡誰、不喜歡誰，為什麼？	你有哪些優點和缺點？	你會用什麼樣的形容詞來形容你自己？

其他人對你有什麼看法？	
你最喜歡的活動是什麼？	

練習 2

「我覺得……」改變清單

這張工作清單鼓勵你和你的伴侶練習在對話中更常使用「我覺得」這幾個字。這很重要，因為這些字非常有力量。你可以花幾個小時證明你的論點，但卻成效不彰，以致雙方都感到相當挫敗。然而，和對方分享你對於事物的感受，你們便能快速地穿越事實和細節，直接進入重點。

使用這張工作清單來記錄你每天以「我覺得」開啟的語句的數量。這不侷限於你和伴侶的對話，不過當然一定要盡可能把你和伴侶的狀況記錄下來。請努力增加你說「我覺得」語句的次數。

「我覺得……」改變清單

*記錄你每天說「我覺得」的次數

月份／日期	一月	二月	三月	四月	五月	六月	七月	八月	九月	十月	十一月	十二月
1												
2												
3												
4												
5												
6												
7												
8												
9												
10												
11												
12												
13												
14												
15												
16												
17												
18												
19												
20												
21												
22												
23												
24												
25												
26												
27												
28												
29												
30												
31												

練習3 留意及解讀伴侶的感受

在一天當中，特別留意伴侶當下的感受。這個練習結合了情緒覺察力和對於伴侶的覺察力。開始練習的時候，不要覺得自己一定要答對，因為沒有人可以百分之百確定對方有什麼感覺。

警告：進行這個練習時要特別留心，因為它很容易會受到誤用，以致超過界線而變成讀心術——讀心術是一道許多伴侶踏上其中，既危險又不怎麼可靠的險坡。注意伴侶的感覺，目的是為了讓你們更能察覺彼此的情緒，而不是要以它來代替溝通。要記得，你們雙方都有責任把自己的感受化為語言，如此，對方才能瞭解你的心意。

試著想像伴侶的感受，能夠增強兩人之間的情感協調度。這麼做的目的在於更正確地解讀伴侶的身體語言和表達，如此，你們才能以更好的方式來回應對方。要獲得進一步的成效，和伴侶確認自己的感受究竟正不正確非常有幫助。僅僅只是保持覺知並且發問，就有很大的功效。如果你們都可以用工作清單來記錄自己一整天的「解讀」、並且在傍晚的時候交叉比對一下，也會非常有助益。因此，我製作了一張特別的「我的伴侶現在有何感受」清單，供你使用。

「我的伴侶現在有何感受」清單

＊將你對伴侶感受的解讀記錄下來，一天三次。

星期日			星期一			星期二		
早上	下午	晚上	早上	下午	晚上	早上	下午	晚上

星期三			星期四			星期五			星期六		
早上	下午	晚上	早上	下午	晚上	早上	下午	晚上	早上	下午	晚上

練習4
回應伴侶的感受

如果你覺得自己的自我覺察能力有所進展，也能留意伴侶的感受，或許你就可以在觀察的當下對伴侶的感受做出回應，比如說：

- 你看起來有些心煩。
- 我剛剛說的話讓你難過了嗎？
- 你因為那件事而覺得受傷嗎？
- 你看起來很輕鬆的樣子。
- 你好像不喜歡那個。
- 我看得出來你壓力很大。
- 我知道，那真是令人難過，對吧？
- 看來你需要一個大大的擁抱。我能抱你一下嗎？

注意伴侶的反應。如果你的感覺正確，你們會在情感上連成一氣，你會感受到自己和伴侶在那個片刻心意相通。如果你的感覺有誤，伴侶也能夠給你有用的回饋以及正確的訊息，這些都能夠幫助你精進自己的情緒技巧。透過多多回應伴侶的感受，你和對方會越來越習慣在情感上進行交流。對於情感親密度來說，這是相當重要的建造原料。

練習5 約定時間坦誠的溝通

這個練習看起來很簡單，不過對於有「童年情感忽視」問題的伴侶來說，或許是一大挑戰。每天約個時間聊一聊，運用你的判斷力，和伴侶一起討論看看，再決定每次談話時間的長短。一開始你可能會想要短一點，如果你們的練習能夠持續下去，再慢慢把對話時間拉長。

為伴侶進行婚姻諮商的時候，我通常會給「童年情感忽視」伴侶這個「家庭作業」。這個作業對於漸行漸遠的夫妻、或是本來就不太說話的伴侶，非常有幫助。這個基礎練習還可以加上許多其他元素，讓它達到更大的成效。

在進行這個練習的時候，你可以加上「我覺得……」練習。此外，你也可以在實際練習的時候，就你們的「我的伴侶現在有何感受」清單進行討論，互相回饋。然後，你也可以練習「垂直式提問技巧」——簡言之，在對話時，你可以運用這個技巧，問一些可以讓伴侶把注意力導向內在、思考自己的感受和動機的問題。例如：「你現在覺得如何？」「那件事情發生的時候，你有什麼想法？」「為什麼你會這麼說？」這些問題會要求你的伴侶把焦點放在自己的內在狀況，而不只是告訴你一些表面的事實。（編按：關於「垂直式提問技巧」更詳細的說明和應用，請參考《童年情感忽視：為何我們總是渴望親密，卻又難以承受？》第一九九至二〇二頁。）

用同理心處理衝突

自我表達的三種技巧

要處理親密關係中的衝突以及一般的人際衝突，最有用的莫過於自我表達的技巧。自我表達這件事遠比一般人所認爲的還要複雜，實際上，它涉及了三項重要的情緒技巧——處理你的憤怒、找出適當的語言來表達你的感受、而且要以對方能夠接受的方式表達出來。

關於自我表達，市面上有許多很棒的參考書籍。你也可以在某些社區教育中心找到相關課程，或者也可以求教於治療師。

帶著同理心說出實話的四個步驟

帶著同理心說出實話，意味著告訴伴侶你心裡眞實的想法——不過要帶著同理心，要考慮到對方聽到這些話語時會作何感受。如果你是「童年情感忽視」的案主，你可能會覺得自己不應該說出任何會傷害對方的話。不過請你相信，這個作法是對治災難的良方。你的責任不只是要挑戰伴侶、刺激對方成長；藉著坦白以對來促進情感上的相互瞭解，也是你的任務。爲了做到這一點，你必須願意說出某些可能會傷人的話。以下是帶著同理心說出實話的四個步驟：

1. 暫停一下做準備。花點時間好好推敲一番，你要怎麼把實話仔細地、小心地表達出來，這可能需要一點時間。

2. 確認自己的感受。確認你對於自己即將說出口的實話有何感受，相當重要。唯有這樣，你才能把這番話告訴對方、並且爲自己說的話負起責任。你生氣嗎？焦慮嗎？還是覺得壓力很大？

3. 把你想要傳達的訊息化為文字。你必須把伴侶可能會有的感覺和反應納入考量，確定你要說的話經過深思熟慮，並且顧及對方的感受。這些話語也要清楚明白，足以傳達你的想法。

4. 選擇適當的時間和地點。你的伴侶在什麼地方、什麼時間最容易敞開心房、聽你說話呢？

練習6 回應前，先複述對方說的話

這個技巧可以有效地促進伴侶的傾聽和瞭解能力，特別是如果對話中有一些憤怒或是衝突的元素。這麼做，能夠確保你們在回應之前有仔細聆聽並瞭解對方究竟說了什麼（瞭解不代表同意）。

1. 輪到對方發言的時候，另一個人要安靜聆聽。第一個人結束時，要說「我講完了」。

2. 接下來由對方說明她聽見什麼、她對這番話有何瞭解。重複這個過程，直到她正確瞭解為止。

3. 唯有當她正確瞭解對方說的話，她才能表達自己對於對方談話的回應。當她說完了，也要說「我講完了」。

4. 接著換另外一個人說明他聽見什麼，直到他正確瞭解對方說的話為止。

5. 重複整個流程，直到你們各自完整地表達了自己。如果你們兩人仍然感到沮喪，那就休息一下。讓事情稍微沉澱一下，晚點再回來繼續這個練習。

一對伴侶從高度疏離到坦誠以對的過程

【奧莉薇和奧斯卡】

奧莉薇和奧斯卡來找我諮商的時候，他們的關係已經從高度疏離，演變為高度疏離之外再加上三不五時的衝突。這是因為奧斯卡開始對奧莉薇坦白，說他認為他們的婚姻關係中少了某些東西。他已經要求她閱讀和「童年情感忽視」有關的資訊，她則是不情願地承認或許他們可以做點事情來改善這段婚姻關係。

這些衝突實際上是一種成長的徵兆。衝突之所以發生，是因為他們開始瞭解這些年來他們都忽略了對方的感受（以及自己的感受），因此內心受到打擾。他們都感受到某些壓抑了十幾年的深層憤怒，兩個人都有一些害怕，他們不知道這些怒氣究竟意味著什麼，又會將他們帶到哪裡去。

我立刻就知道奧斯卡和奧莉薇兩個人有多麼不瞭解自己的感受，所以我要他們各自追蹤自己的情緒。我們花了好幾個星期的時間進行我所謂的「情緒訓練課程」，我要他們把每週的紀錄（一開始非常稀少）帶到諮商室和對方分享。這能幫助他們往內觀照，更加留意自己的感受。

就像我在前面提過的，奧斯卡對於奧莉薇的認識少得可憐，而奧莉薇則是一點也沒有察覺到奧斯卡對她的憤怒。在他們開始記錄自己的情緒並且對於這件事情越來越上手以後，我給了他們一個新的家庭作業——一人一份「我的伴侶現在有何感受」清單，要求他們用一週的時間把自己觀察到的事情記錄下來。我要求他們不要在家裡討論這些紀錄，而是在下一次諮商時把清單帶來。

我們花了好幾個星期在諮商時檢視這些清單。我協助他們，讓他們告訴對方清單上的觀察紀錄到底正不正確。這個練習幫助他們開始更清楚地看見對方的情緒，同時也引出他們婚姻當中某些他們尚未與對方坦承的議題和衝突。（我在前面分享過咖啡壺的事件，就是在這裡聽到的。）

當我們一起檢視「我的伴侶現在有何感受」清單時，也開始處理那些長年累月的問題。當我覺得他們準備好了，我便要求他們開始「約定時間坦誠的溝通」練習。他們同意每天晚上一起用餐，不看電視，專心和對方談話。因此，他們開始與對方分享自己在白天的所見所聞，因而變得更加親近。他們也開始試著討論彼此的不合，因而產生了更多的爭執，這讓他們兩人都覺得相當不舒服。

在這個時間點，我知道他們需要一些技巧來處理衝突，所以我要他們讀幾本以「自我表達」技巧為主題的書。我們討論了「帶著同理心說出實話」，以及跟對方坦承自己的痛苦和真實感受的重要性。最後，奧斯卡終於能夠告訴奧莉薇他在經歷癌症治療時的感受，而奧莉薇現在也有技巧能夠聆聽他的感受、並且去瞭解究竟哪裡出了問題。輪到奧莉薇的時候，奧莉薇終於能夠坦白地說，她對於奧斯卡十五年前不願意和她孕育第三個孩子，一直感到耿耿於懷。奧斯卡承認，那時候他沒有仔細傾聽奧莉薇的感受和需要，而他願意從現在開始努力療癒奧莉薇的舊傷口。雖然已經過了十五年，不管你信不信，一切都還來得及。

在諮商室裡，我和他們一起坐著，看著他們有時候哭、有時候笑，看著他們最後終於可以對彼此說出真心話。諮商的過程經常會讓人痛苦不已，但是我要獻上我的祝福，因為他們努力熬過了整個療程，忍受其間的衝突與憤怒，並且學會了與這些負面情緒同在。我告訴他們，這樣的過程是最高形式的愛與奉獻。最後，當他們向對方吐露自己的真實感受，他們瞭解我的話一點也不假。

奧莉薇和奧斯卡結束諮商的時候，來到了一個和他們剛起步時完全不一樣的地方。他們先前空虛的關係不再是一個空洞的深淵，現在它充滿了各種色彩、豐富的內涵、還有情感上的連結。最後，他們更加瞭解自己。最終，他們終於能夠瞭解對方。

請注意，我和奧莉薇與奧斯卡的工作過程已經經過大幅的篩選和簡化，整個歷程事實上耗費了整整兩年的苦工。奧莉薇和奧斯卡對於治療非常投入，兩個人很快就瞭解並且接受「童年情感忽視」的理論。即便如此，我們的工作還是充滿了許多迂迴和障礙，因此我必須挑戰他們，迫使他們超越自己原先預設的立場。我得逼他們做一些和童年養成的行事作風完全相反的事，而他們必須對抗自己的直覺反應，這是非常困難的。

幸運的是，這件事情雖然不容易，但是我看過好幾百人成功地度過了這個難關，不管是獨自一人或是和伴侶一起。我也知道，如果他們做得到，你也可以。

「童年情感忽視」除了影響你的婚姻，亦波及了你生活中的其他面向。現在我們已經做好準備，讓我們接著往下讀，學習如何與你的父母共處，也就是你「童年情感忽視」的源頭。

【第二部】

如何和父母情感交流？

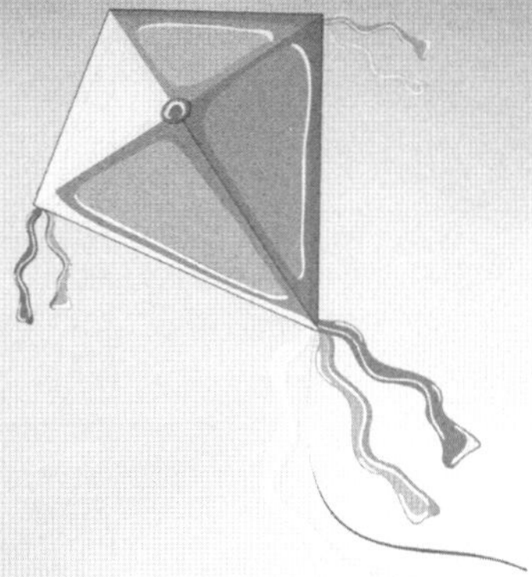

6

得不到認同的孩子長大了

爲孩子著想卻缺乏自覺的父母

「奧斯卡」

讓我們回到十五年前奧斯卡和奧莉薇的生活，那是我還沒遇見他們的很久很久以前。這對夫妻兩個年幼的孩子坐在汽車後座，車子緩緩駛向奧斯卡童年的住處，他們一家四口打算和奧斯卡的父母共度一天。由於夫妻倆都有「童年情感忽視」的議題，他們誰也沒有察覺到當這次的家庭聚會迫近時，自己內心散亂、空洞的感受。

抵達之後，一家四口和奧斯卡的父母打招呼，並且說到距離上次見面已經是一個月前了。奧斯卡的母親驚呼：「我的老天爺啊，你們這兩個孩子長得好大了！」過了一會兒，孩子們在屋子裡四處奔跑，奧斯卡的父親坐在客廳斷斷續續地看著報紙，奧斯卡的母親則是和來訪的夫妻倆聊天。

電視上正播放著足球比賽，聲音很大，所以他們必須更大聲地說話。奧斯卡的母親問他們開車來的路上是否順利、天氣如何、孩子們在學校好不好。當母子間的對話開始變得稀稀落落，奧斯卡拿出手機，在談話的過程中斷斷續續地滑著。他們的話題來到奧斯卡父母相識多年的鄰居朋友的健康問題，接著又跳到奧斯卡父親的高血壓問題。

一個小時過去，奧莉薇忍住打呵欠的衝動。她覺得自己得站起來活動筋骨、找些好玩的事情來做，所以她對奧斯卡的母親說：「我想我該去看看孩子們在做什麼，你要一起來嗎？」她們一起到地下室，兩個孩子正在自己演出《羅蜜歐與茱麗葉》，奧莉薇感到很放心。看著孩子、和孩子一起笑鬧，奧莉薇覺得自己又活了過來，不像剛剛在樓上，讓她有種灰暗、無聊的感覺。

同一時間，奧斯卡和他的父親坐在客廳裡，一個人讀報、另一個人看著電視上的足球比賽。他們偶爾會對比賽發表一下自己的高見。奧斯卡看著自己的手錶，心裡突然有種散亂、空洞的感覺。他毫不在意地打了一個大大的呵欠，心想：「哦，我的天啊，到這裡以後才過了七十三分鐘！我要怎麼撐過這一天呢？」

就在這個時候，奧斯卡的父親大喊：「他們幹麼踢那一球!?實在是蠢爆了！」奧斯卡有些驚訝，不耐煩地脫口而出：「爸，這一球踢得好啊！你為什麼老是對教練的決定有意見？」

說完才幾秒鐘，奧斯卡就因為罪惡感而覺得十分痛苦。「我真是糟糕，」他這麼想，「可以這樣和爸媽在一起，我已經很幸運了。他們人那麼好，我究竟是怎麼了？」

晚上開車回家的時候，奧斯卡和奧莉薇兩人都覺得有些不安，他們都沒有察覺到自己十足矛盾的情感：對奧斯卡父母的愛、對於探訪的結束感到如釋重負，以及對這樣的如釋重負感到有罪惡感。隱藏在這些感覺背後的是一種瀰漫的空虛感，每次拜訪奧斯卡的父母，他們都會有這種感覺。

在這則個案描繪中，奧斯卡的父母一片好意。他們爲人客氣而且歡迎兒孫來訪，可以說是相當慈愛的長輩。奧斯卡與父母之間的對話，從表面上看來似乎再正常不過，但是實際上卻非常空洞。曾經有個個案對我說起他「爲孩子著想卻缺乏自覺」的父母，他說他與父母的對話鮮少有實質的內容——「有說跟沒說一樣」。除了對話沒有內容，奧斯卡的父親並沒有把心思都放在對話上，奧斯卡也是如此，這種狀況並不讓人覺得意外。（這是自然而然的結果，就某方面來說，這是一種自動化的行爲，成年的孩子會模擬父母的行爲，特別是如果這些行爲是他們成長過程的一部分。）

人們常常輕易地把「童年情感忽視」誤認爲無聊的感覺。奧斯卡和奧莉薇那天都覺得這種家庭聚會其實有些無聊，這是因爲這個家庭缺乏了情緒的色彩和情感的連結。家人之間的互動有些乏味，時間彷彿過得很慢。孩子們的傻氣像是綠洲一樣，充滿了色彩和活力，這是其他時候所沒有的。

值得注意的是，在前往父母家的路上，奧斯卡和奧莉薇都感覺到這種隱隱約約的空虛感。這種不安的感覺是一個預兆，他們內心深處封印的情感已經知道接下來會發生什麼事。如果他們懂得注意自己的感受，他們會知道自己的大腦和身體正在發出警告，告訴他們，失望和空虛即將席捲而來。

對於奧斯卡來說，空虛、焦躁、不耐煩的感受在這天不斷輪替。奧斯卡爲何感到焦躁？爲什麼他會因爲足球比賽而對沒有惡意的父親發脾氣？奧斯卡的無聊和不耐煩有一部分來自無意識的挫敗感，那是因爲他兒時的情感需求沒有獲得滿足的緣故。奧斯卡不知道這一點，但是他心中藏了很多憎惡和憤怒，因爲他的父母很少注意、肯定、或是回應他的感受或情感上的需求。

再讀下去你就會知道，奧斯卡最後終於明白他的生命中缺乏了什麼、以及背後的原因，因爲這樣的自我認識，他獲得了極大的自我肯定與自我解放。他決定和自己的父母談談「童年情感忽視」，而這會從此改變他與父母的關係。

連自己都照顧不好的父母

【奧莉薇】

奧莉薇在紐約的皇后區長大，是家裡三個孩子中的老大，父母在她八歲時離異。她的父親是個酒鬼，離婚之後變得遊手好閒。奧莉薇偶爾會在週六去看他，不過他不太可靠，對於家庭或和孩子相關的事情經常是有一搭沒一搭的參與。

那些年，奧莉薇的母親必須獨立撫養三個孩子，日子過得非常辛苦。白天她擔任幼兒園老師，晚上和週末則成了書店經理。她必須努力工作才能讓自己的孩子有地方住、有得吃、有得穿。所以可想而知，在奧莉薇的童年時期，她的母親大多數時候總是累得不成人形。

身為年紀最長的孩子，八歲的時候她就開始身兼母職。她會幫自己和手足做午餐、洗衣服。母親不在家、無法做晚飯的時候，她會把冷凍的晚餐加熱來吃。

回到現在，奧莉薇帶著一道菜、走進年老母親的公寓裡。進門時，她便感到一種微微的恐懼感和責任感。就某方面來說，她愛自己的母親，也很期待見到她。但是每次她去探望母親的時候總是有點不安，這樣的感受混雜了責任和負擔。當然，就像她的丈夫和父母的相處一樣，她幾乎沒有察覺到這些感受，或是這些感受如何對她產生影響。

「嗨，媽，我帶了一些義大利美食『獵人燉雞』給你。昨天晚上奧斯卡做了兩份，所以我們特地留了一些。」

「噢，你們真好，」奧莉薇的母親說，「幫我跟他說聲謝謝。」奧莉薇看了看母親的公寓，開始自動自發地整理這個地方：把郵件收集成整齊的一疊，把雜誌收到母親搖椅邊的書報籃裡，一邊和母親談談兩個孩子莘蒂和卡麥隆的近況，以及母親的健康問題。

奧莉薇的母親突然說：「不要再把我的東西搬來搬去了。為什麼你每次來都要亂動我的東西呢？」

奧莉薇嚇了一跳，覺得有些受傷，立刻停下手邊的動作。她一點也沒有發現自己在整理這個地方。「哦，對不起，媽。我沒有意識到自己在做這些事情。我把雞肉放到鍋子裡加熱好嗎？你餓了嗎？」

在這樣的劇情中，奧莉薇或她的母親都沒有意識到她們倆之間究竟發生了什麼事。在奧莉薇的童年時期，出於必要，她承擔了母親的許多責任。因爲這樣，母親與孩子之間失去了自然的平衡。奧莉薇自童年開始就受到「制約」要照顧大大小小的事情。她的生活暗中受到這種深藏的、核心的感受所驅動——責任、義務、負擔，以及必須照顧他人的需求。

在奧莉薇的生活當中，就像我們在她與奧斯卡的關係中所見到的，她不太考慮自己的感受或是需求；相反地，她把焦點放在另一個人身上。「奧斯卡最近的工作壓力是不是很大？我是不是要多給他一點空間？我今天最好離他遠一點。」（不意外的是，奧莉薇小的時候，當她的母親看起來很累、壓力很大的時候，這就是她幫助母親的方式。）

要注意的是，奧莉薇的母親就整體來說是相當爲孩子著想的父母類型。但是她自己在成長過程中受到情感忽視，成年之後又陷入充滿挑戰的情境。奧莉薇的母親從來沒有學過要如何處理自己的情感，所以當她看見女兒亂動自己的東西，她並沒有察覺到自己的怒氣，也沒有感受到女兒的好意或是這種舉動背後的原因。她對女兒所發的脾氣，沒有任何理由、充滿責備意味、而且太過嚴苛。奧莉薇不應該受到這樣的責備，但是她或是她的母親都不瞭解這一點。

所以，就像她的母親、以及其他數百萬善良正直的好人，奧莉薇在成年之後的數十年來，她的生活一直被這種自幼嵌入內心的重要感受所驅動；她的內心受到某種情感迴圈的制約，因爲太過熟悉而成了她自我認同的一部分：責任—義務—負擔—責任—義務—負擔—責任—義務—負擔。

就像我們已經知道的，後來有一天，奧莉薇的丈夫鼓起了愛與勇氣，以一種出乎意料的方式來挑戰她。因爲必須回應奧斯卡的要求，奧莉薇將會發現自己的眞實面貌以及眞正的慾望，並且終於明白這是一件很重要的事。

接下來她即將面臨一個重大的決定——她該不該和母親談談這件事呢？

自我中心的父母

【梅兒】

梅兒、馬歇爾和他們的兩個孩子走進一棟美麗的度假小屋，他們要和梅兒的父母在這裡共度一週。孩子們有些驚奇地看著高聳的拱頂天花板，大叫道：「這實在是太酷了！我們快去看看臥室！」

梅兒快速地親吻了父母的兩頰，接著放下行李。長途旅行之後終於抵達目的地，她終於可以鬆口氣了。與此同時，她有種預感，知道接下來即將發生什麼事。走進廚房，她聽見自己的母親正在訓斥孩子：「看你們的鞋子溼答答的！快把鞋子脫掉。這裡的地板可是實木地板吶！」梅兒低頭看了自己的鞋子，它們也是溼的。她趕緊把鞋子脫掉，放到一邊去，希望她的母親不會發現。

「我們到得比較早，所以我到雜貨店把這個星期的菜都買齊了。」梅兒的母親說，「而且我已經想好菜單，星期三晚上我就來做你們都喜歡的特製熱狗砂鍋。」

「噢，太好了。媽，謝謝你。」梅兒強迫自己這麼說。然而，她心裡想的是：「哦，拜託不要。她究竟在想什麼？我這輩子從來沒喜歡過熱狗，我也不希望孩子們把那些化學原料吃下肚。喜歡熱狗的人是我哥，不是我。要我怎麼把那個玩意兒吞下肚呢？」

就在這個時候，梅兒的母親望著她說：「你那是什麼表情？我這麼努力要讓你高興，不過有時候這好像是不可能的任務。你總是那麼難以取悅，從你還是孩子的時候就是如此。」梅兒覺得憤怒，不過這樣的憤怒很快就變成令人刺痛的罪惡感，她覺得自己對於母親所做的一切未免太不懂得感激和讚賞。在深層的無意識層裡頭，她知道自己的需求和感受在母親面前沒有一席之地，所以她拿出自己已經用了一輩子的對策——把這些感覺推開，推到心裡那道高牆的另一邊。

因此她說：「對不起，媽，這趟旅行讓我有些疲倦。謝謝你找到這棟美麗的小屋，還做了所有的採買工作。或許我得先睡個午覺。」

閱讀這則個案描繪的時候，你可能會想：「誰的母親會是這副德性？」如果是這樣，那我要恭喜你沒有這樣的母親。除非你有個自戀型父母，不然要想像自戀型父母究竟是什麼樣子，還眞有點困難。

現在你已經瞭解梅兒和她母親的關係，或許你比較能夠瞭解爲什麼她那麼害怕馬歇爾的情緒，以及他健康的情感需求。在梅兒的童年時期，她的情緒、她母親的情緒都會讓她陷入危險。每當梅兒表現出明顯的情緒，這些情緒有時候會反過來對自己不利（就像這個例子）。梅兒母親的情緒和需求總是凌駕於一切之上。

所以當馬歇爾開始敲打梅兒的高牆，試著和她在情感上建立連結，梅兒並不覺得這是一種邀請。相反地，對梅兒來說，馬歇爾就像是在邀請她一起步入雷區。危險！危險！危險！她兒時的大腦這麼警告她。在婚姻中，梅兒的高牆保護著她，讓她遠離對手的攻擊、情緒爆炸、責難、拒絕等種種傷害，因爲在梅兒的童年時期，每當她表達自己健康的感受和需求時，母親就會對她產生這樣的自動反應。

爲了走進梅兒的世界，馬歇爾必須攀越這樣一道高牆。這也是爲什麼在他抵達之後，必須不斷地爲梅兒提供保證和關愛的原因。

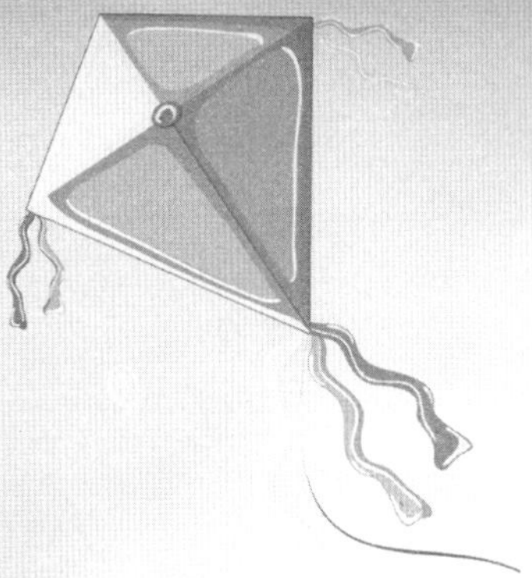

7

自我療癒後湧現的情緒

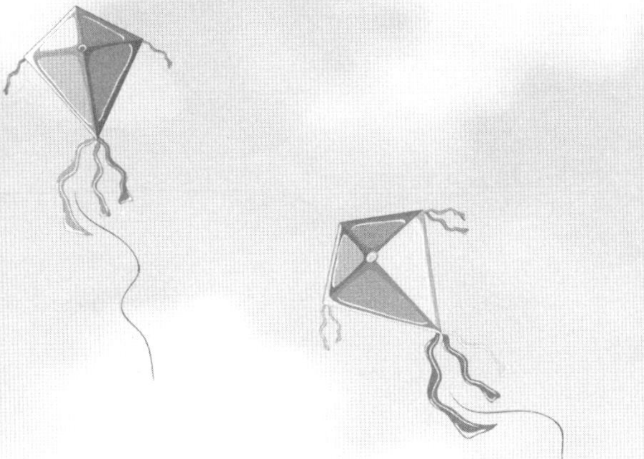

「自出生起，我們的大腦就內建了一種強烈的需求，讓我們渴望得到父母的注意和瞭解。」

教養孩子可能是我們這輩子所遇過最繁瑣、最吃力的工作。可想而知，我們成年以後和父母的關係可能會相當複雜。

在人類的歷史當中，大概從來沒有一對父母可以完美地養育自己的孩子，滿足他們所有的需求，使得這些孩子都能夠以最健康的方式長大成人。在歷史上也沒有任何一個孩子是做足了準備才進入成年時期。

現在讓我們來談談「童年情感忽視」這種特殊狀況。從我的經驗來看，這種類型的親子關係是所有的親子關係當中最令人感到困惑的一種，因為「童年情感忽視」的後果相當嚴重，然而在它發生的時候，你既看不見、也記不得；此外，它經常會在看來完全沒問題而且普通的家庭中肆虐。

請你相信，你對父母的複雜感受是合理的，這樣的感受有其緣由。你並不孤單，許許多多善良的人就和你站在同一艘船上——前一秒還漂浮迷失在對父母的憤怒、受傷、剝奪、悲傷之中，下一秒又航行在愛與感激的海洋上頭。

還有什麼比這種狀況更令人困惑的？甚至在你還不知道父母在情感上忽視你的時候，這種狀況已經爲你帶來了挫折、痛苦，或許還有罪惡感。如果你明白父母對你有所虧欠，這些感覺就會變得順理成章，但是並不會就此消失。事實上，對許多個案來說，這些感覺反而會變得更加強烈。

在第二部分，我們會針對這些問題談談適當的解決辦法。當你對這一切有了完全不同的內在觀感，在實際生活中，你要怎麼處理和父母的關係？

- 我是不是該告訴父母，他們從前在情感上忽視了我？
- 我該怎麼和他們說明這件事？
- 我依然希望能夠從父母那裡得到他們無法給我的東西，我該怎麼面對這樣的願望？
- 我該怎麼面對自己的罪惡感？
- 如果父母不認爲他們應該承擔忽視我的責任，該怎麼辦？
- 他們持續地忽視我的感受，我要怎麼做才能保護自己？
- 我要如何原諒父母？

繼續往下讀，我們會回答以上所有的問題以及其他相關問題。

三種忽視孩子情感的父母

第一類是爲孩子著想卻缺乏自覺的父母，包括：放縱型父母、工作狂父母、成就與完美導向型父母。

第二類是連自己都照顧不好的父母，包括：必須照顧特殊需求家庭成員的父母、活在憂傷裡的單親父母、讓孩子身兼親職的父母、憂鬱型父母。

第三類是自我中心的父母，包括：自戀型父母、權威型父母、成癮型父母、反社會型父母。

當你讀到這三大類型，想想你自己的父母，試著去分辨，看看哪個類型、或是該類型有哪些元素最符合他們的情況。請記住，這些類型並非總是一成不變。放縱型、工作狂、以及成就與完美導向型父母不一定會爲了孩子著想。比如說，一個成就與完美導向型的父母極有可能爲了自己——而不是因爲關愛孩子——因此盼望孩子擁有高度的成就，這麼一來，他們就會從第一類型（爲孩子著想的父母）變成第三類型（自我中心的父母），因此不要把這樣的分類當成精確的科學。即便如此，之後當我們進入做計畫、保護自己、以及做決定的階段時，如果你知道自己的父母大概是哪個類型，會有很大的幫助。

第一類：爲孩子著想卻缺乏自覺的父母

第一類型的父母不一定都像奧斯卡的父母那樣善良而無趣。爲孩子著想卻缺乏自覺的父母常常會不小心就否定了孩子的情緒。他們可能無法爲孩子建立足夠的規範，或是讓孩子瞭解特定行爲的後果（放縱型父母）；他們可能會埋首於工作，把物質上的財富當成父母愛的表現（工作狂父母）；他們可能會過度看重孩子的表現和成就，然而卻犧牲了孩子的幸福（成就與完美導向型父母）。

那麼，究竟什麼樣的父母才稱得上「爲孩子著想」這個類型的父母呢？這樣的父母認爲自己所做的一切都是爲了孩子好，他們這麼做是因爲愛，而不是出於自私。他們教養孩子的方式是根據他們兒時受教的經驗而來，這就是人類父母的行爲——我們依循著自己的父母在我們身上設定的「程式」。要改變這樣的設定，我們首先要培養覺知，然後有意識地選擇去做一些和我們的父母不一樣的事情。

「爲孩子著想」這類父母所撫養長大的孩子，通常背負著三個重擔：「童年情感忽視」的種種症狀，不知道這些症狀究竟從何而來的困惑，以及滿滿的自責。當你成年以後回顧過去，想要從童年找到目前這些問題的原因時，通常只會看到童年生活愉快的一面。你回憶中的每件事或許看起來完全正常、無害。你會記得爲你著想的父母給了你什麼，但卻不會想到父母少給了你什麼。

「一定是我自己的問題，是我的錯。」你這麼認定，然後把成年生活不對勁的地方怪到自己頭上。你可能會因爲自己對父母有著看似毫不理性的憤怒而有罪惡感。在童年時期，你沒有機會去學習各種情緒技巧，除非你曾經自己想辦法去學習這些東西，不然你也會因爲缺乏這樣的技巧而受苦。

跡象與徵兆：

- 你愛你的父母，但是有時候你會因爲突然對他們感到憤怒而嚇一跳。
- 你不明白爲什麼自己會對父母產生負面的感覺。
- 你因爲生父母的氣而有罪惡感。
- 和父母在一起很無聊。
- 你的父母看不見或不認識眞實的你，也就是現在的你。
- 你知道父母愛你，但是你可能沒有感受到他們的愛。

第二類：連自己都照顧不好的父母

連自己都照顧不好的父母會在情感上忽視孩子，因爲他們忙著處理自己的問題，因此沒有留下太多時間、注意力或精力，來看看自己的孩子有何感受、或是有什麼困難。這樣的父母可能沉浸在悲傷之中、受到創傷、或是絕望求生，但是如果他們還有餘裕，還是有可能會對孩子的教養多加留意。

連自己都照顧不好的父母會養育出極度自給自足的成年人。如果在你成長的過程中，父母自顧不暇，你只好自己照顧自己，還要順便照顧身邊那些有困難或有需要的人，於是你會變得早熟。

你在成長的過程中背負了太多大人的責任，但是自己的情感和深層的自我卻鮮少受到肯定，這讓你習慣以大人的角色去照顧其他人，結果卻忽略了自己和自己的需求。這樣長大以後，當你回顧過去，看見父母爲了生活而奮鬥，所以你自然會認爲他們是你的英雄。他們工作、他們奮鬥、他們那麼努力地試著把生活過好——時運不好不是他們的錯。這些或許都是眞的，但是他們仍然辜負了你、沒有「肯定」你的價值。對你的理智來說，要把責任歸咎於「英雄般」的父母、說他們辜負了你是相當困難的事，但是這麼想非常危險——你的憤怒是因爲兒時的情感需求沒有獲得滿足的後果，但是你卻把這樣的憤怒怪罪在自己身上。你變得容易自責，過度承擔照顧他人的責任，然而卻疏於照顧自己。這是因爲沒人教過你情緒技巧，你也會因爲欠缺這些技巧而遭受許多困難。

跡象與徵兆：

- 你對父母有很深的同情，還有一種想要幫助他們、照顧他們的強烈願望。
- 你對父母的養育充滿感激，但是不明白爲何自己偶爾會對他們產生莫名其妙的憤怒。
- 你過度注意並照顧別人的需求，通常還會因此而損害自己的利益。
- 你的父母對你並不嚴厲，也很少在情感上傷害你。

第三類：自我中心的父母

這個類型的父母很容易辨識，主要是由於兩個原因：首先，自我中心的父母不一定會以「爲了孩子好」這樣的動機去教養孩子，他們養育孩子是爲了滿足自己的某些需求。其次，這個類型的父母可能會對孩子相當嚴厲，除了情感忽視之外，還會以其他的方式對孩子造成傷害。

自戀型父母希望孩子能夠讓他們變得特別；權威型父母不計任何代價地想要獲得孩子的尊敬；成癮型父母或許並沒有那麼自我中心，但是由於成癮而受到特定事物的制約；反社會型父母欲求的只有兩件事：權力和控制。

對大部分的孩子來說，「自我中心的父母」是最難相處、最讓人難以忍受的父母類型，而這一點也不讓人意外。沒有人願意相信自己的父母在養育自己時一點也不在乎孩子，然而不幸的是，這類型的父母之中有許多人的確如此。根據「人格障礙覺知網路」（Personality Disorder Awareness Network）的調查，美國有6.2％的人口患有「自戀型人格障礙」，還有1％的人口患有「反社會型人格障礙」，這是「社會性病態」的一種。除此之外，根據美國衛生及公共服務部的報告，全美有超過兩千萬人口有成癮的困擾（二〇一六）。許多成癮型父母雖然希望可以好好照顧自己的孩子，但他們首先得先面對自己內心及現實世界的許多難關。

和其他兩個類型的情感忽視父母相較，被「自我中心的父母」養大只有一點值得稱道：通常你會意識到父母當時（以及現在）有些不對勁。你會記得他們的不當對待或者是嚴厲、控制性的行爲，因此，你可能會比較清楚自己在成年之後爲何有某些問題，也比較不會責怪自己。

有這樣一個小優點眞是謝天謝地，因爲在其他方面，你必須面對許多挑戰。除了在成年之後對自己的情感視而不見，由於你曾經受到過度控制，甚至受到虐待，或是在身體上被疏於照顧，你還必須承受這些事情帶來的後果。缺乏情感技巧也讓你過得非常辛苦，你覺得照顧自己或是和父母劃清界線非常自私，你可能也沒辦法好好照顧自己。除此之外，你對於童年有很多情有可原的憤怒，但你卻不知道該如何面對這樣的感受。

跡象與徵兆：

- 要去探望父母之前，你經常會感到焦慮。
- 和父母相處的時候，你常常會感到受傷。
- 和父母見面之前、見面時、或離開以後，你經常會覺得身體不太舒服。
- 你對父母感到非常憤怒。
- 你覺得自己和父母的關係有些不對勁或是虛情假意。
- 你不知道父母什麼時候會愛你、什麼時候又會拒絕你。
- 有時候父母好像在對你耍心機、玩弄你、甚至是刻意傷害你。

對照組：如果你擁有情感健全的父母

許多「童年情感忽視」的個案問我：情感健全的父母，看起來是什麼樣子呢？多年來或是幾十年來，你一直以爲自己的父母是情感健全的父母。不過事到如今，回顧過往，你知道他們並沒有給你某些你需要的東西。所以讓我們來談談，如果你是由關心孩子情感的父母所撫養長大，你對這個世界會有什麼樣的感受。

講到會關心孩子感受的父母，有個重點我們必須記得：無論目前處境如何，只要一個人過去是由這樣的父母所撫養長大，他/她便可能成爲這樣的父母。所以，一個父親或母親是工作狂也好、憂鬱也好、注重孩子的成就也好，或是悲傷、自戀、患有某種人格疾患也罷，他/她仍然可以是一個注意孩子情感的父母。這些狀況是構成「童年情感忽視」的因素，然而還是有許許多多的父母即便自顧不暇，卻仍然試著要更加清楚地看見、瞭解自己的孩子，並且滿足他們在情感上的需求。

所以，現在我們來談談，情感健全的父母看起來是什麼樣子呢？首先，她會注意自己的孩子，而且她通常都知道自己的孩子正在做些什麼。她的情感算是相當健康，同時也擁有良好的情感技巧。她可以辨認別人的情緒，也能辨認自己孩子的情緒。因爲她有同理心，所以能夠感覺孩子的感覺。這給了她絕佳的能力，讓她對孩子感同身受，想像自己是一個小孩，從而給予孩子所需要的支持。

當然，情感健全的父母也會犯錯，他們偶爾也會辜負孩子，但是他們會一直陪在孩子身邊，孩子也知道自己並不孤單。因為這樣，他從來沒有「童年情感忽視」個案那種深深的寂寞感。

情感健全的父母教養出來的孩子，長大以後自然具備了各種情感技巧，並且能夠運用這些技巧與其他人產生連結。他會覺得自己擁有足夠的支持系統、充分的自我瞭解和自我同情，還有，或許最重要的是，他還知道該如何才能觸及自己的情緒，而那是他最寶貴的資源。

跡象與徵兆：

- 你很期待和父母見面。有時候見面聚一聚以後，你會覺得很愉快，甚至有種整個人煥然一新的感覺。
- 你對父母的感覺和你對其他人的感覺類似，其中充滿各種感受，而且這些感受通常不會太難理解。
- 你覺得父母清楚地看見你、瞭解你。就算這種感覺偶爾會因為你們之間的衝突而中斷，但過一陣子就會恢復了。
- 你知道父母愛你，你也能夠感受到他們的愛。

面對父母，你可能會有的感受

自出生起，我們的大腦就內建了一種強烈的需求，讓我們渴望得到父母的注意和瞭解。這種需求並非出於我們自己的選擇，我們也無法主動丟掉它。這樣的需求既強烈又眞實，在這輩子不斷地驅動我們去追尋某些東西。我發現，許多「童年情感忽視」個案會小看這股基本的驅力，把它當成一種弱點，或是宣稱自己因爲某種緣故而不受它的控制。我完全可以瞭解你爲什麼會這麼想，畢竟，在童年時期，內心深處個人及人性的需要沒有獲得滿足，是一件相當痛苦的事，因此你以這個方式來應對：試著去忽視那些受到挫折的需求，或者是乾脆把它們連根拔起。

不過，事實是，沒有人，眞的沒有一個人可以逃避這個需求。你可以壓抑它、你可以否認它、你可以欺騙你自己，但是它依然在那裡。這就是爲什麼這些童年往事——父母沒有看見你、認識你、瞭解你、認同你——會在你身上留下刻痕。不過就算是如此充滿匱乏地長大，不意味你必然會受到傷害。事實上，不受傷是有可能的，只要你別否定發生的事情，接納自己自然而眞實的感受，你就能主動處理問題。如此一來，你就可以療癒成長時父母沒有看見你、瞭解你的痛苦。

我們前面已經談過，「童年情感忽視」的個案在面對父母時，經常會有一種既痛苦又矛盾的感受——親情與憤怒、感激和剝奪感、溫柔和罪惡感，交替出現。這些感受經常來得有點莫名其妙。

你是不是覺得自己參與傳統家庭聚會只是基於義務，只因爲你以前總是這麼做、而你的父母也期待你這麼做？如果你決定去做一些不一樣的事，去做一些對你來說比較好、比較健康的事，你會不會有嚴重的罪惡感？如果要我猜，我會說你回答「是」的機率相當高。

然而，我們必須知道，罪惡感在這些情況下對我們並沒有幫助。罪惡感之所以存在，是要防止我們受到不必要的傷害或是去侵犯他人，而不是要妨礙我們保護自己。身爲一個需要照顧自己、並且防止自己不斷地受到傷害或忽視（或兩者都是）的人，你是最不需要罪惡感的那一個。

你一定要擊退從你腦海裡跳出來、阻礙你朝著健康的方向轉變的罪惡感。所以在我們接著討論「做決定」和「採取行動」這兩個步驟之前，我想要給你一些方法，讓你可以處理在這個過程中出現的罪惡感。

處理罪惡感的四步驟

一、爲自己的罪惡感評分。總分從一分到十分，一分是幾乎察覺不到罪惡感，十分是最嚴重的罪惡感。

二、尋找罪惡感眞正的源頭。爲了找到答案，下面幾個問題或許會有幫助。把你的答案寫下來。

1. 我究竟爲什麼會有罪惡感？

2. 在我的罪惡感當中，有多少是和我已經做的事或是我想做的事有關？有多少是和特定的感受有關，例如憤怒、怨恨、受到挑撥、或是厭惡感？

3. 我的罪惡感是否在傳達某些有意義的訊息？

4. 是不是有人（比方說父母或伴侶）試圖讓我產生罪惡感？

三、根據你的評分和罪惡感的緣由做決定。如果你無法從罪惡感當中找到有用的訊息，那就試著著手去處理它，不要因爲罪惡感而無法與父母劃出適當的界線。如果你的罪惡感分數很低，那就不成問題；如果你得到中等的分數，或許你得經常停下來，提醒自己，罪惡感不會爲你帶來任何幫助，接著就把它丟到一邊去；如果你的分數很高，我建議你找人聊聊，或許你能從訓練有素的專業諮商人士那裡獲得支持與裨益。我見過許多個案，他們雖然堅強，卻因爲罪惡感而裹足不前，以致無法爲自己與父母的關係做出必要的改變。

四、使用以下的小提醒來處理你的罪惡感：

1. 你對父母有負面、複雜和痛苦的感覺是有道理的。這些感覺的背後都有其原因。

2. 要擁有什麼樣的感覺，不是你能決定的。

3. 我們能說某種行爲是對、是錯，但是感覺本身沒有對錯的問題。

4. 不管父母爲你付出了多少，都不能抵銷他們因爲沒有正視你的情緒所造成的傷害。

5. 和父母劃出適當的界線是你的責任，這麼做能保護你、你的伴侶、以及你的孩子，他們才不會在情感上受到消耗、受到傷害，雖然這麼做感覺很糟。

好好運用上述四步驟的罪惡感管理技巧，你就不會再因爲對父母的感覺而產生罪惡感，同時也能避免因著罪惡感而妨礙你與父母建立起適當的規則和界線。與其有罪惡感，我希望你可以擁抱自己的感受，因爲它們來自於你眞實的生命經驗。

如果你能夠接納自己的感覺，就會獲得一種特別的自由感受，那是你以前從來沒有在你與父母的關係中體驗過的。舉例來說，當你不再因爲對父母生氣而有罪惡感，你便能獲得釋放，也才能聆聽自己的憤怒，接受它所傳達的訊息，並且據此來處理它。如果你的憤怒要你稍微和父母拉開一段距離，你會怎麼做？要你多保護自己？要你和父母談談「童年情感忽視」？要你和父母劃一道界線？要你對家庭義務說「不」？如果父母又忽視你的情感，你的憤怒要你更勇敢地對他們提出挑戰呢？這些訊息都非常有價值，不過如果你的罪惡感從中作祟，那你就無法獲得這些訊息了。

爲了幫助你處理面對父母時的感覺，我設計了以下兩個特別的工具，希望你能多加利用。

辨認與接納感覺的兩個方法

方法1：辨認你的感受

1. 下一次要和父母互動之前，先讓自己做好準備。自己一個人到房間裡坐下來，排除一切干擾，閉上眼睛，想像自己正在和他們互動，不管是用電話、簡訊、或是面對面。在腦海裡想像整個事發經過。

2. 轉向內在，問問自己：在想像中與父母談話有什麼感受。

3. 使用書末收錄的完整「感覺詞彙表」，幫助自己把感覺化爲文字。

4. 和父母在一起的時候要保持覺察。注意你的感覺，繼續試著增加或是調整你的感覺詞彙，用它們來表達你和父母相處時所產生的情緒。

方法2：運用你的感受

如果你想調節自己的罪惡感，並且更加地瞭解自己的感受、善用自己的感受，你可以運用以下的提點和解決方法。

- 請記得，就算你不明白自己爲何對父母有某些負面感受，這些感受都自有其道理。
- 努力接納你利用工具1條列出來的每一種情緒。不要因爲自己擁有這些情緒而批判自己。如果罪惡感悄悄潛入，就把它們通通擊退。
- 逐一檢視你清單上的各種情緒（如果只有一種也沒關係），在檢查的時候問問自己：這個情緒要傳達什麼訊息給我？要我做些什麼？要我說些什麼？或者它是來自過去、已經過時的情緒，對我再也沒有幫助了？
- 如果某個情緒催促著你採取特定的行動好讓自己變得更健康，就考慮接受它。如果它是沒有用的過時情緒，試著去瞭解、接受這一點，以健康的方式對自己好一點，這麼做能幫助你繼續前進。
- 如果你覺得某些提點或是解決方法看起來有點複雜、或是很困難，便無需執著於它們。找一個你信任的家人、朋友或是治療師，和他們談一談，讓他們來幫助你、支持你。

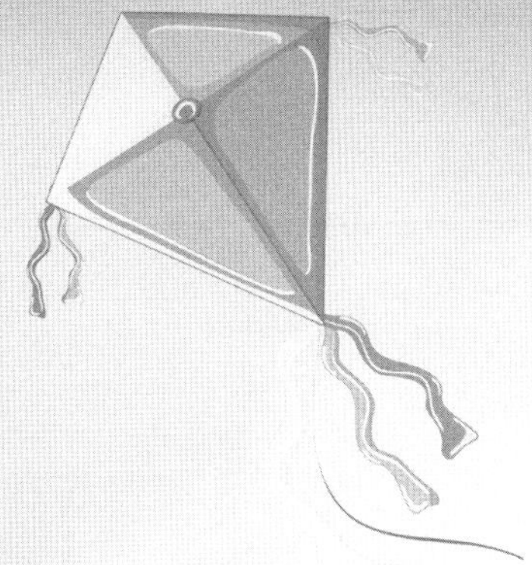

8

情感交流也要保有界線

「你的父母確實給了你生命，並且扶養你長大。但那不意味你必須對他們報以完全正面的感受。」

在討論你該不該和父母談論「童年情感忽視」之前，我們必須先在你身上下一些工夫。你這輩子都活在矛盾當中。也許你「相信」父母愛你，但你並沒有「感覺」到那份愛。也許你並沒有從自己的父母那裡感受到眞正的關心和溫暖，但你覺得自己還是有義務要對他們付出關懷和溫情。或許，身爲成人，你總是認爲自己擁有一個還不錯的童年，不過現在你終於明白自己一直以來都活在陰影之下。

這樣的矛盾令人不解，它讓我們懷疑自己，使我們覺得脆弱不堪。所以，這一章的重點就是要幫助你找到自己本有的力量。畢竟，你無法改變父母，但是你可以改變自己。你越堅強就越能保護自己，也越能夠成功地改變自己與他們的關係。

在這一章，我們會談談幾個非常重要的主題，比如說，要怎麼知道自己何時該對父母說「不」，或是打破家裡的規則或期待，以及你是否該試著原諒父母，並且調整你一直以來期待父母改變的願望（這是藏在每個人內心深處的願望）。

在現今快速變動的世界裡，有件事卻很少改變：絕大部分的人都認爲我們無論如何都要敬愛自己的父母。乍看之下，這樣的生活守則再理所當然不過了。難道不是所有善良的人都愛著並且尊敬他們的父母嗎？然而，眞正的答案是「不」。你的父母確實給了你生命，並且扶養你長大。但那不意味你必須對他們報以「完全正面」的感受。你沒有要求他們把你生下來，但是既然他們決定這麼做，他們就必須負起責任把你養成一個健康的孩子；對於一切必須爲其種族創造出繼起之生命的哺乳類動物，這是一項基本的要求。你和你的父母之間並沒有受到特殊的規則所羈絆，比如說犧牲自己的感受來愛他們、關懷他們。

因此當你在閱讀這一章以及下一章的時候，把自己和自己的需求擺在第一順位是非常重要的。事實上，我希望你在每一次和父母互動的時候都要記住這一點。因爲如果你犧牲了自己的情感需求來滿足父母的需求，你就必須付出非常沉重的代價，然而卻只能得到極少的回饋。

你和父母的關係就像任何長久的人際關係一樣，需要雙方都有足夠的、互相交流的情感覺察力，讓彼此都能感受到對方的瞭解、珍惜、以及肯定，並且以一種眞實而且有意義的方式來關愛對方。光是來自你單方面的付出是不夠的，要雙方都必須願意爲對方付出才行。

不再放任父母情緒勒索

或許你一直以來都在努力遵守這個普遍的社會規則——愛你的父母。如果你的感覺不符合這個規則，你就會開始責怪自己。你要怎麼知道何時才能打破家庭的期望和傳統呢？比如開始對父母說：「不行，我很抱歉，不過我們沒辦法過去吃晚餐了。」

現在，我要提供你一個非常好記而且有用的指導原則，如果你要做類似的決定，不妨參考一下：

根據你必須付出的代價來決定。

你可能會問：「我怎麼會知道自己要付出什麼代價？」關於這點，我要不厭其煩地再說一次：

進入你的感覺，讓它們來告訴你答案。

你在和父母互動之前感覺如何，在過程中感覺如何，以及在結束後感覺如何——答案就在其中。說眞的，如果你們喜歡數學的話（不喜歡也沒關係），我就把它變成一個公式：

> 你得到的正面感受＋你得到的負面感受＝你的決定

舉個例子，當你去探視父母的時候，如果你覺得他們照顧你、並且把你當成家裡的一分子，這兩者都是正面的感受，但你同時又覺得他們並不是很在意你、甚至會在情感上貶抑你、打壓你，這兩種感覺哪一種比較多？哪一種比較強烈？它們可以互相抵銷嗎？如果你的答案加起來是零，或者是負數，那你就得開始好好照顧自己，開始與父母劃出適當的界線，或者開始說「不」。

請記得，要擁有什麼樣的感覺不是你能決定的，而且你無法控制你的父母。不過如果你在與他們相處的時候犧牲了自己的情感，那麼你會付出自己無法承受的代價。如果你有伴侶和孩子的話，他們也必須和你一起承擔這樣的代價。

【梅兒】

在稍早我們提過的家庭旅遊（有原木地板和熱狗砂鍋的假期）大概一年之後，梅兒的母親打電話邀請梅兒、馬歇爾和孩子們參加一年一度的感恩節家族晚餐。梅兒讓電話轉接到語音信箱，然後有些惶恐地聽著這則訊息。

從事後的結果來看，那一場家庭旅遊是梅兒和她「童年情感忽視」父母關係的轉折點。在那一次小旅行，梅兒發現孩子們非常享受外祖父母的關注和款待。不過她也注意到，他們在那兒的時候，馬歇爾開始斷斷續續地有頭痛的狀況，而她自己也得了腸胃型流感。不知道為什麼，在他們回家之後的整整兩個星期，孩子們變得特別黏人、特別需要得到她的注意力。在那之後好長一段時間，梅兒覺得心情低落，彷彿整個人被掏空，在小孩面前變得暴躁且動不動就發脾氣。這樣的經驗讓她不禁開始思考：她和父母的關係中是不是有某些有害的成分。

現在，我們回到一年後的感恩節邀約。這個時候，馬歇爾已經就他們的婚姻對梅兒提出了愛的挑戰。她讀了整本《童年情感忽視：為何我們總是渴望親密，卻又難以承受？》，也瞭解「童年情感忽視」對她的生活有哪些影響，此外，她和馬歇爾在婚姻諮商這部分也有新的進展。梅兒開始慢慢地可以感覺到自己的情緒。這就是她現在所做的，而她現在這麼感覺：

> 我覺得：
>
> 匱乏＋需求＋惶恐＋
>
> 空虛＋難過＋受傷＋憤怒＋恐懼
>
> ≦0

梅兒的公式得到一個非常負面的結果。她知道自己應該要好好照顧自己、馬歇爾和孩子們。她知道她的感覺所帶來的訊息，要她去做一些她從前想都不敢想的事情——對感恩節的邀請說「不」。

在聽取馬歇爾的意見並做好計畫之後，梅兒回撥電話給母親：「真的很謝謝你邀請我們參加感恩節晚餐，不過今年我們可能要改變一下計畫。我們已經好幾個月沒有見到馬歇爾的父母了，所以這次決定要去他們家過節。我知道我們打破了慣例，我真的感到很抱歉。」

梅兒的自戀型母親對此感到非常生氣，她的反應就是連續好幾個星期不打電話給梅兒作為報復。對梅兒來說這相當痛苦，不過還好有馬歇爾在身邊支持她，她也培養出適當的情緒覺察力和自我瞭解，所以能夠運用「處理罪惡感的四個步驟」，把不必要、也沒有幫助的罪惡感拋開。因為這樣，梅兒完成了一項情感上的英勇行為——她保護了自己、自己的丈夫與孩子，讓他們免於自己父母的不當傷害。

【奧斯卡】

奧斯卡和奧莉薇結束婚姻諮商之後的幾個月，某天，他們心想：該是和奧斯卡的父母見面的時候了。奧斯卡的父母已經相當年邁，不過，想當然，他們的個性依舊沒有改變。不過現在奧斯卡變得更有覺知，他不再盲目地拜訪父母、希望可以與他們共度歡樂時光，最後卻總是落得極度失望。現在他知道自己得一再確定自己的身心處於適合的狀態，才能和父母見面。

在打電話給父母之前，奧斯卡坐下來，把注意力轉向內在，問自己對於即將打電話給父母這件事情有何感覺。以下是浮現在他腦海裡的想法：

> 我覺得：
> 充滿愛＋有動機＋有興趣＋責任使然＋空虛＋難過＝0

奧斯卡的感覺公式加總起來是「什麼都沒有」的零分，這意味著當他和父母見面時，複雜的矛盾感受並不會對他造成傷害，但也不會對他有任何好處。我必須指出，零分是一種相當耗費心神的狀態。畢竟，每個人在拜訪父母的時候，都值得擁有一些正面的感受、滋潤和支持。因此，零分事實上是某種負面的結果。

根據這樣的結果，奧斯卡知道如果自己決定要去探訪父母，他得先照顧好自己。不過，他認為這樣的結果並沒有糟到他必須和父母避不見面。所以，奧斯卡做了一個計畫，他打算和父母約在外頭。他找到一個可以和父母共同參加的有趣活動，這除了能分散他們的注意力，還具有娛樂效果：到當地的藝術博物館一遊，然後在博物館的餐廳一起吃個飯。他還要求奧莉薇盡量不要讓他與父親有獨處的機會，這樣他就不會感到那麼強烈的無聊和空虛——這是他和父親在一起的時候經常會有的感受。

對於這次不尋常的外出會面，奧斯卡的雙親以他們那種典型的沒有深度、平淡的態度來應對。奧斯卡和奧莉薇則是鬆了一口氣，因為這樣的拜訪比較短暫、也比較有意義。這樣一來，他們把情感公式中正面感受的分數加到最高，同時也抵銷了負面感受的分數。在會面結束的時候，奧斯卡的感覺分數改變了，從零分變得稍微比零分還要多一點。對他來說，這個分數一直以來都是零分，現在這樣的結果已經是一大進步了。

父母虧待你的，你可以自己彌補

我們必須記得，對於梅兒和奧斯卡來說——對你而言更是重要——與父母劃下一道適當的界線並且對他們說「不」，不只是爲了要保護你的感受。當然，讓自己少受一點折磨固然重要，不過這麼做還有另一個主要目標：如果你可以在情感上保護自己、照顧自己，你便同時達成了另外幾個成就：你爲自己創造出必需的空間、穩定度和力量，讓自己發揮最大的成長潛能。你自我實現的方式也爲伴侶和孩子提供了無價的情緒養分（我們會在第三部分就這點進行更詳細的討論）。

如果你開始以新的方式對待父母，像是設立限制和劃定界線、或是開始和他們談論「童年情感忽視」，先把自己的情緒力量建立起來會有很大的幫助。要做到這一點，最好的方式就是把更多的注意力和精力拿來照顧你自己。藉著把注意力投入在照顧自己這件事情上，你便自己彌補了過去那些你需要、但是父母無法或是沒有爲你做的事，而你可以用這樣的方式重新教養自己。如果你在成長的過程中受到情感忽視，現在就以成人的身分好好地照顧自己的情緒。以下表格提供了更多的例子：

你的父母不曾為你做到的事	現在你可以為自己做的事
接受、認同你的感受	接受、認同自己的感受
注意到你需要休息一下	確定自己獲得足夠的休息
為你提供規範	為自己提供規範
教導你如何調節自己的感受	自己學習情緒管理

教導你如何說明自己的情緒	增加你的情緒詞彙
為你示範如何表達感受	練習表達你的感受
和你討論事情	練習討論事情
在你感到沮喪時給你安慰	在需要時自我安慰
試著去瞭解你的個性和你的內心	試著更深入地瞭解你自己
支持你、鼓勵你	接受他人的支持
在你需要的時候為你提供協助	請求並且接受他人的協助

我知道要以這樣的方式來填補童年的缺憾，是個艱鉅的任務——確實如此。你需要付出極大的努力和毅力，才能幫自己彌補過去的缺憾。不過如果你能夠明白這一點會很有幫助：這麼做會讓你覺得很棒。你會覺得人生變得多采多姿，彷彿重獲新生，你終於爲自己掙得過去以來一直缺少的東西。

不過如果你一想到要與父母劃出界線就感到有些害怕的話，或者是看到上面的表格而覺得壓力很大，那麼可能是你的感覺在試著告訴你：你還沒有完全準備好。如果是這樣的話，我建議你可以暫時休息一下，先花點力氣來療癒你自己的「童年情感忽視」。當你覺得自己更堅強且準備好了，再回到這個地方，從你之前的進度繼續下去。

設定界線，是對雙方的保護

論及自我保護，有效的個人界線，是你有生之年所能夠仰賴且最重要的自保手段。當你經歷各種挑戰，諸如關係崩壞、與人發生衝突、受到侮辱、以及這個世界爲你的自尊心所帶來的各種挑戰，這些界線能夠讓你全身而退。

在各種情況下，你的個人界線都能夠給你幫助。不過在這裡，我們要把它運用在非常特定的狀況，也就是你和父母的關係。首先，讓我們談談四種不同的個人界線，以及它們的運作方式。

- **空間界線**：這個界線是最容易想像和瞭解的一種，純粹是因爲它具體可見。空間界線指的是你和父母之間的實際距離。你住的地方離他們住的地方很遠嗎？或是你們就住在隔壁？當你和父母在一起的時候，你們的空間界線就會暫時大幅減少。
- **外在界線**：這個界線必須強力、但是保持彈性。它就像是一個過濾器，可以保護你免於外在——你的父母——的侮辱和傷害。當你的父母忽視你、沒有注意你的需求、或是有意無意地說出某些傷害你的話，這個界線便能派上用場，對你提供保護。它能夠告訴你，父母究竟對你說了什麼、做了什麼，幫助你分辨哪些是父母針對你所提出的眞實回應，你必須認眞看待，而哪些你又該拒絕。

- **內在界線**：這道界線能保護你以及其他人，免於你自己所造成的傷害。它是一個過濾器，介於你自己的感受、以及因爲這樣的感受所引發的後續行動之間。這個界線幫助你釐清強烈的憤怒、傷害、痛苦，然後衡量你是否要對父母表達你的情緒、以及如何表達你的情緒。有它的幫助，你會知道有些事情只能放在心裡，但是有些事情必須刻意地以一種謹愼而且體貼的方式表達出來。
- **時間界線**：我們的心裡都攜帶著過去「童年情感忽視」的經驗，而我們的情緒不一定會隨著時間消逝。如果在你成年以後，你的父母仍然忽視你的情感，那麼，「童年情感忽視」那些老舊且深埋的感受，可能會影響你和父母當前的關係，並且在你沒有預期的時候跑出來。如果你因爲現在發生了某件微不足道的事情而感覺到巨大無比的痛苦，這就是原因所在。健康的時間界線可以讓你將舊的傷疤和新的痛苦分開來，唯有這樣，你才能如實地感覺並且表達由當前情境所造成的痛苦程度。

健康的個人界線能夠在各個方面爲你帶來益處。這些界線能夠幫你拉開距離、或是稍微緩和你受傷和憤怒的感覺，讓你可以在反應之前多思考一下。因爲有這些界線，你就不會脫口而出對父親發動尖銳的反擊，你也能夠釐清哪些感受來自過去、哪些感受屬於當下。這些技巧非常有價值，你可以運用它們和父母發展出較爲健康的關係。

四種界線當中，最容易瞭解和上手的是空間界線。這就是爲什麼大多數人都會先選擇設立這個界線，並且把它當成唯一的界線——直接搬家，或是離父母遠一點。雖然空間界線有其作用，但是它很少能作爲一種完全的解決之道。它能爲你提供你最需要的距離，但是它無法幫助你處理自己的情緒。所以即使你可以搬走，或者是對於出走或切斷關係相當在行，你可能還是會需要另外三種界線來保護你自己。

接下來的練習，可以幫助你創造並且強化你的外在界線、內在界線、以及時間界線。首先，選擇你想要建立的界線，然後照著下列的步驟練習。

練習7 創造並強化你的界線

1. 閉上眼睛，在心裡從一數到十，好好地做幾個平靜的深呼吸。
2. 想像你自己待在一個圓圈裡頭，就在圓心的位置，周圍剛好是讓你覺得最舒服的空間大小。
3. 將這個圓圈化為看得見的界線，你可以用任何東西來打造它：透明或是不透明的塑膠、磚塊、平滑的水泥、或是任何其他東西。任何你喜歡的東西都可以，只要它夠堅固。如果可以的話，在腦海裡想像這樣一道界線。
4. 雖然這道界線非常堅固，但是你——只有你——有權力可以在任何時候把它彎曲。你可以移開磚塊或是讓塑膠軟化，在有需要的時候讓東西從這道圓牆進來或是出去。你擁有絕對的權力。你很安全。

5. 在牆內停留一分鐘或是更久。享受這種掌控自己世界的感覺。

6. 每天練習一次。此外，每次和父母見面之前也要進行這個練習，見面之後也可以練習（如果有需要的話）。

如果你常常運用這些自我界線，它就會運作得更自然。不過爲了建立界線並且學著使用它，你必須有意識地把它視覺化，並且練習運用它。就目前來說，在剛開始練習的時候，試著預設一些你可能會需要的個人界線、以及能夠運用它們的情境，是很重要的。

讓我們假設你要去拜訪父母，在探訪的過程中，你的父親突然對你丟出一些意見，讓你覺得他一點也不瞭解你（因爲一直以來都是這樣）。

面對這樣的挑戰，你需要的是你的外在界線，利用它來過濾父親的意見，並且解除這些意見的傷害力。如果你想要對他的評論加以回應的話，或許你也會需要內在界線。你也需要時間界線，它能幫助你看見過去無數次類似的情況——因爲父親不瞭解你，讓你感到痛苦——然後跟過去的情緒拉開一段距離。所以在你出發之前，先坐下來，依照上述步驟練習，讓你的時間界線、外在界線與內在界線都準備好。

當你到了父母家裡，先等著你父親發難。如果他眞的開始批評你，立刻想像這些界線圍繞著你、爲你過濾訊息。這個過濾器會問你：

他對我的意見中，哪些眞的是我的問題？哪個部分和我有關？這些批評眞的點出了我的問題、或者它們只是顯示出我父親自己的問題？就我現在的感覺來說，哪些感覺是來自過去、又有哪些是因爲他今天對我的意見而起？我是不是有回應的必要？

你的外在界線會說：

他說的和你一點關係也沒有。你的父親不瞭解你，是因爲他自己的侷限，而不是因爲你不重要或是沒有價值。就你目前的感受而言，有百分之八十來自過去所受的傷害，只有百分之二十是因爲今天發生的事，所以沒有必要回應。你可以晚點再和朋友/伴侶/兄弟姊妹/治療師討論這件事。現在想像你的個人界線防護著你、圍繞著你，你在一個安全且受到保護的圓圈裡頭。

單單這麼做，你就有足夠的力量可以保護自己。你保留了自己的價值和尊嚴，你處理了自己的感受和回應。你是完整的。

你可能會覺得以這種方式建立界線，對你來說不太可能，不過我向你保證，我幫助許多個案走過這樣的過程，這個方法非常有效。然而，別忘了，有意識地想像並且運用個人界線是非常重要的，它們不會透過閱讀而憑空出現。如果你覺得這個練習太難，如果你和父母相處的時候，依然對於自己的感覺和回應感到困擾，我建議你尋求專業的幫助，找個專業的治療師來幫助你建立自己的力量和個人界線。

如果你變得夠堅強，你會知道的。你會覺得自己已經做好準備，可以前往下一道關卡了。你會覺得自己可以開始考慮這件事——和父母談論「童年情感忽視」究竟是不是個好主意？

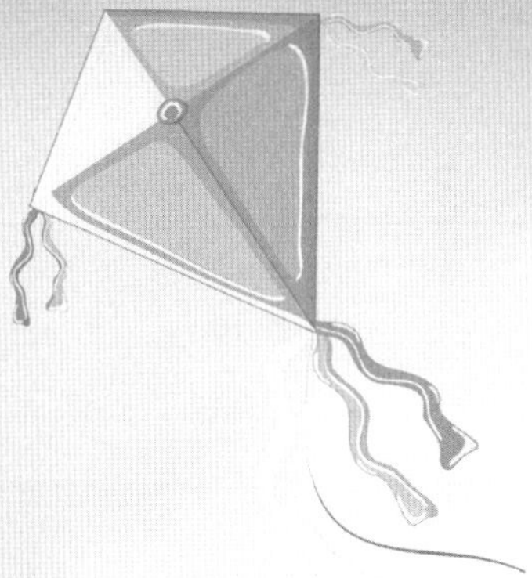

9

如何和父母談論童年情感忽視

「現在你變得比父母還要成熟，所以是該做個決定的時候了——你該不該帶領他們一起踏上你的健康旅程呢？」

【奧斯卡】

開車到父母家的路上，奧斯卡沉浸在他的思緒裡。他細細回想過去一年來，生命上的轉變。他戰勝了癌症，他和奧莉薇正在試著扭轉他們的婚姻關係，能夠這樣，他覺得自己非常幸運。在安靜的車子裡，他想著，當他告訴自己的父母，自己要和姊姊幫他們舉行結婚五十週年「金婚」派對時，兩老不知道會有多開心。

和從前相比，他現在覺得非常滿足，而且非常想要將這樣的幸福感和父母分享。

當奧斯卡走進門，他的母親說：「真是大驚喜！我們不知道你今天會來。」

奧斯卡回答：「我就是想要給你們驚喜，跟你們說一個好消息。請幫我把爸叫來好嗎？」

當他們三人坐在餐桌前，奧斯卡對父母說起了這個「金婚」派對計畫，最後以這句話結尾：「我覺得結婚五十年值得辦一個大派對，你們覺得呢？」一直到這時候，他停下來看看自己的父母，才發現他們的臉上毫無興奮之情。他的母親看起來壓力很大的樣子，他的父親則是擺出一副漠不關心的模樣。他有些震驚，等著他們回應。

「嗯，親愛的，你能這樣看待我們，真的很貼心。不過，你知道我們的脾氣，我們倆都不愛熱鬧。不如你和奧莉薇、還有你姊姊來就好了，我做一些你們最愛的烤肋排給你們吃，這樣好不好？賀伯，你是不是覺得這樣比較好？」奧斯卡的母親一邊說、一邊用手肘推了推她的丈夫。

「哦，對啊，是這樣沒錯。」賀伯應和道：「我們不需要什麼大派對。兒子，很高興見到你。我真的很高興你順路來看我們，不過我要去理髮店，它快要打烊了。」他一邊說一邊站起來，從衣帽架上抓了一件夾克，接著就往外走：「幫我跟奧莉薇問聲好！」

然後他就走了。

奧斯卡看著母親，她現在似乎鬆了一口氣。「奧莉薇和孩子們都好嗎？」她問，使出她的大絕招——改變話題。

坐在車子裡，奧斯卡把剛剛的情況想了好幾次，感覺越來越糟。突然間，他的腦海裡浮現一個解決方法。

「他們這麼害怕處理情緒和連結，甚至不能慶祝他們婚姻這麼偉大的成就。我再也不能忍受了，我必須和爸媽談談『童年情感忽視』。」

當你來到這樣的十字路口，就像奧斯卡現在所處之境，這是個信號。這個信號告訴你，你在情感上的成長已經超越了你的父母。以下的清單是奧斯卡走到如今這一步所達到的成就：

1. 他已經開始看見並且接受善良的父母是怎麼辜負他的。
2. 他已經開始停止責怪自己，並且看見哪些事情出錯、以及如何出錯。
3. 他開始明白情緒在他的生活中所扮演的重要角色。
4. 他開始明白自己的感覺很重要，並且接受這一點。
5. 他開始明白自己的需求很重要，並且接受這一點。
6. 他開始明白自己很重要。

所以，我以最誠懇真摯的心情說聲「恭喜了」！既然你讀到這裡，想必你在這六個成就上也有相當大的進展。我希望你可以暫停一下，看看這樣的成就、享受這樣的成就。

太棒了！

現在你變得比父母還要成熟，所以是該做個決定的時候了——你該不該帶領他們一起踏上你的健康旅程呢？或者是，他們還不夠格成爲你的同伴？令人難過的是，如果他們無法聽進去或是瞭解「童年情感忽視」這個概念，如果他們沒辦法瞭解自己在哪裡忽視了你，或許你就必須把他們抛在身後（這指的是情感上，而不一定是身體上）。

你剛剛讀到的這個段落相當沉重。讀到這裡，你的心情是否往下沉？如果是，我可以瞭解。當你開始思考下面的問題，最終必須要面對危在旦夕的東西，這是很嚇人的：

我該不該和父母談談他們如何在情感上忽視了我？

更恐怖的是：

講了以後，如果我們的關係變得更糟怎麼辦？

在成長的過程中缺乏足夠的情感認同，會爲你的人生帶來許多挑戰。現在你就面臨了一個極大的挑戰。並不是所有的父母都能承受這樣一個主題，而且也不是所有的父母都值得你爲他們費心、讓你去承擔這個風險。在這一章裡，我會幫助你釐清父母可能的類型，以及他們是不是具備傾聽的能力。

我們會討論罪惡感（你的罪惡感以及你父母的罪惡感），如何運用你的個人界線，如何處理對話，以及如何把自己準備好來迎接最終的勝利。

先評估你要承擔的風險

每次有人問我，和父母談論「童年情感忽視」是不是療癒的必要步驟時，我都可以獲得一塊錢，我也希望每次我大聲回答「不」的時候，可以收到另一塊錢。

你的父母可能看來完全沒有希望，因此不值得這麼做。你可能會覺得和父母提起「童年情感忽視」太冒險、太困難、或是沒有必要。我向你保證，這些都沒有關係。因爲和你的父母討論「童年情感忽視」是一個附帶的好處，眞正重要的是你療癒了自己的「童年情感忽視」。

不管是爲了什麼原因，如果你無法和你的父母談這件事，在第二部分結束的地方有個特別的小節「面對難以靠近的父母時，你可以這樣應對」，它能幫助你靠著自己繼續前進。

不過有些人決定要和父母談談，而且也成功了。我說「成功」，意思是這件事對於情感受到忽視的那個人，產生了某種敦促他繼續前進的效應。通常，這個抉擇最後都會歸結到和父母談這件事會不會對你有幫助、或者它是否會讓你受挫。

事實上，還眞沒有所謂正確或是錯誤方法來決定這件事。這是非常、非常個人的決定。爲了幫助你做決定，我要問你一系列的問題。

1.你的父母屬於哪種類型？

這個問題非常關鍵，因爲你的父母是第一、第二、或第三種類型，都可以告訴你他們會如何回應，並且知道和他們談話，你可能會有所得或是會傷害到自己。

一般來說，從第一類型（爲孩子著想卻缺乏自覺）和第二類型（連自己都照顧不好）的父母身上，你最有可能獲益，而以自我爲中心的第三類型父母則是另外一個故事了。我們知道，第一類型的父母並不會特別自私或是自我中心，他們並沒有刻意要傷害你或是對你吝嗇。他們會爲你著想，只是他們不知道自己在養育你的時候少了某些東西——即使到現在，他們依然不明白。在面對這兩種類型的父母時，你比較不會收到憤怒或是報復的回應，因而讓自己傷得更深。不過有一個重點必須記得，如果你決定和他們談論「童年情感忽視」，你很可能會讓他們覺得混亂、甚至產生防衛性。

要談論這件事情，第一類型「爲孩子著想卻缺乏自覺」的父母，或許是勝算最高的，雖然他們在面對「童年情感忽視」這個主題的時候，的確可能會覺得非常困惑。對他們來說，你彷彿是在講某種外星語、或是指控他們沒有把父母當好。不過當你開始解釋「童年情感忽視」是一種代代相傳的現象，他們沒有錯，而且你也肯定他們對你的養育之恩，他們可能就會聽你說下去。對於第一類型的父母來說，要讓他們聽下去，重點在對於情緒有更深入、更複雜的瞭解，知道情緒有其實質、有其意義、有其力量。這對他們來說可能是個全新的概念，要接受這一點或許並不容易。

第二類型「連自己都照顧不好」的父母，就某方面來說，或許是最好講話的。畢竟，他們自己或許在過去也經歷過某些痛苦——失落、疾病、遺棄、或是糟糕的境遇，但無論如何，他們還是盡力把你撫養長大。這樣的父母之所以在情感上忽視你，有著顯而易見的理由。如果他們感到防衛或是自責，知道這一點或許會有幫助。意思就是，對於第二類型的父母來說，當你和他們談論「童年情感忽視」時，重要的是瞭解他們自己當時的處境、所承受的壓力、以及為了你所付出的努力。

如果你想和第三類型，也就是「自我中心」的父母討論「童年情感忽視」，他們會是最難搞的父母。面對這類型的父母，你必須承受某些風險，因為他們極有可能會先對你發起情感上的攻擊。這類型的父母不太能夠瞭解同理心是怎麼一回事，但是如果沒有同理心，他們就無法瞭解你的感受。自我中心的父母通常也不太能為自己對他人所造成的影響而負責，因此很難承認自己可能在某方面傷害了你或是辜負了你。如果你的父母屬於這個類型，我強烈建議你要非常謹慎，在你下定決心和他們談論這件事情之前，仔細地評估這麼做的好處和代價的落差，並且想清楚自己這麼做的目的是什麼。從我的經驗來看，和他們談論「童年情感忽視」，你很可能只會得到空洞而膚淺的回應。最糟的是，他們可能會給你怒氣滿滿而又傷人的意見，以及採取報復性的態度。不管你信不信，做這件事，對於已經成年的「童年情感忽視」個案都是有幫助的。當你終於可以將自己對父母的感受說給他們聽，這能為你帶來相當療癒和釋放的感受。不管他們接受與否，至少你把這些感受表達出來了。至少你已經為將來可能對他們說「不」、或是劃下其他的界線預先做了解釋。不可否認地，這麼做對你有很大的益處。

2. 在你們目前的關係中，你有多不舒服或是有多痛苦？

這個問題看似簡單，實際上卻不然。如果你在成長的過程中因為受到看輕或忽視而感到痛苦，這樣的痛苦會深入你的內心，成為你存在的一部分。你可能會因為太過習慣這種痛苦的感覺，以致忘了它的存在，而且你可能會假定每個人都有這樣的感覺。

要回答這個問題，回頭看看第七章我們談過的一些技巧，可能會有幫助。還記得「方法1：辨認你的感受」嗎？我們用它來幫助你辨認你在面對父母時有何感受。試著運用這個工具，多加留意你們親子關係中的負面感受有多強烈，並且在這個練習中運用「感覺詞彙表」，回顧這些痛苦的感受，然後依嚴重的程度評分，從一分至十分不等。因為這不是我們剛剛談的問題，所以你可能無法立刻給出答案。不過，你可以和自己的感受連結，運用你對情緒及其運作的新瞭解所產生的力量，來感受你的痛苦程度大概有多少。

3. 你的痛苦是否對療癒造成阻礙？

我聽過許多「童年情感忽視」個案的故事，他們說自己的療癒進展得相當順利，不過只要他們去探視父母，一切就破功了。重新經歷問題的源頭的確可能會扯你後腿，這就好像你在照顧一個傷口，傷口復原得很好，但是你騎腳踏車跌了一跤，所以它又裂開了。

你有沒有覺得自己已經好一點了，不過只要想到你的父母或是要和他們相處，你就覺得很糟。你的父母會是你復原之路的阻礙嗎？傾聽你的直覺，但是也要小心，不要想太多。如果你覺得他們會造成妨礙，那就是這樣了。

4.你的父親或母親是否有能力瞭解「童年情感忽視」？

或許你的父母已經離婚。或許他們兩人有著非常不同的個性。比如說，或許你的父母其中一個是第一類型「爲孩子著想卻缺乏自覺」的父母，另一個是第三類型「自我中心」的父母。或許你的父母之中有個人比較有同理心和同情心？或是其中一個人防衛性比較強，但是另一個人擁有比較平衡和敞開的心胸？

你用不著一次和父母兩個人談論這件事，或是兩個都一定要談。在很多個案中，選擇比較有可能聽你說話的那個人，是比較可行的作法。從那裡開始，和他／她來一場面對面的談話。

把你的父親和母親分開做考量，想像你自己和他／她對談。當他們在一起、還是分開的時候，比較能夠聽進你說的話呢？在進行這樣的談話時，沒有所謂的正確作法。你只能做好萬全的準備，希望一切順利。如果這意味著你得先找雙親之一談一談，那我會鼓勵你這麼做。

5.如果父母的回應有點冷淡，你會作何感受？

和「童年情感忽視」父母談論任何事情，最大的風險就是他們會給你「童年情感忽視」典型的冷淡回應。如果你這一生已經體驗過夠多這樣的失望，不想和他們談任何事也是很正常的。如果這就是你的情況，重要的是，你要想想，倘若你對他們說起這件事，他們也是這樣的反應，你會作何感受？（讓我們先別去思考其中的矛盾——試著和你的父母談論他們如何失敗地回應你，只是讓他們失敗地回應你。）

你那反應冷淡的父母，可能一開始看起來會有點關心或是感興趣，但是之後就再也不會提起這件事了。他們可能很明白地表現出自己無法瞭解你在說什麼，而且除了困惑之外，沒有任何情緒。他們可能會很快地改變話題，或是情不自禁地哭了起來，鼓勵你來安慰他們。

想像一下，如果他們給了你這些回應，你會作何感受？你會不會覺得極度失望，或是利用這個情境，把它當成你幼時受到「童年情感忽視」的證明？請先考慮各種可能的情況，並且想想如果這些情況發生了，你會有什麼樣的感覺。

6.如果父母給了你負面的回應，你會作何感受？

許多父母會對「童年情感忽視」這個主題報以十分負面的回應，特別是第三類型的父母。如果你的父母立刻開始自我防衛、並且對你發動攻擊呢？萬一他們開始責怪你，說你過度敏感，甚至是羞辱你呢？萬一他們開始不理你、或是對你保持距離，不管是爲了懲罰你還是爲了保護自己？

乍看之下，做這件事似乎沒有任何好處。不過，事實並非如此。如果你的父母對你有害，或許你會因爲他們拉開距離而感到鬆了一口氣。或許你也會因爲自己對他們說了實話而感到自豪，姑且不論他們的反應有多麼惡劣。如果你在兒時曾經要求他們的瞭解或是照顧，你也許會獲得一種確認感，因爲他們剛剛又給了你一模一樣的回應。

仔細想想看，如果你的答案契入內心，那麼那就是屬於你的答案。這些答案沒有對錯，只有你明白自己的感受，只有你知道它對你來說是不是正確答案。

7.無論事後結果如何，和父母分享這個概念，會不會讓你更容易與他們劃下界線？

就像我們討論過的，在某個時間點，讓自己免於「童年情感忽視」父母的侵擾，或許是必要的。而這要看你和他們相處時有多痛苦，以及他們有沒有能力（或許沒有）和你一同進行療癒。你可能必須減少跟他們見面的次數、拒絕他們的邀約、少打電話給他們、或者是減少接觸的機會。

在某些個案當中，你對於自私的恐懼或是劃下界線的焦慮感，都可以透過把你覺得你們的關係中有些錯誤的感受化爲確切的文字，並且接收父母的回應而獲得減輕。你知道自己給了父母機會，讓他們去瞭解、關心、回應，這多少能給你一點安慰。如果他們不願意，那就是他們的責任了，你就能由此獲得解脫，做你需要做的來保護你自己。

8.和父母談論這些，你會獲得什麼？失去什麼？

在這裡，我們要討論的是益本比（cost-benefit ratio）。有些「童年情感忽視」的親子對話是全然正面的，有些則是全然負面。不過大部分的討論還是兩者各占了一些比例。看看你對上面各個問題的回答：父母的類型、他們有沒有可能聽你說話、對於他們的回應你可能會有的感受、雙親其中一方是不是比較有討論這件事的潛力、以及你痛苦的程度。讓這些問題穿過你的腦海，然後讓直覺說話。你想要怎麼做？你的直覺是否要你把父母排除在療癒計畫之外，保護自己，把注意力放在自己身上就好？或者直覺告訴你，你想要或是需要冒險和父母談談？不管直覺說什麼，我鼓勵你聆聽它的訊息。或許你的直覺會比你更瞭解你自己。

和父母開啓對話的方式

好，現在你的直覺說，或許你該試著和父母聊聊。那麼，第一件要做的事，就是把你自己準備好。我們已經討論過自我照顧和個人界線，我希望你已經在這方面下過工夫。我們幾乎已經準備好要來整合我們談過、學過的一切，把它們付諸實踐。

設定你的個人界線

首先要準備的是個人界線，我的意思是，上述四種類型的界限（空間／外在／內在／時間）都要。在你和父母談話之前，把它們準備好，讓它們可以發揮作用。準備好你的外在界線，讓它幫助你過濾、處理父母的回應，不管他們給你的是冷淡、是反應過度、氣憤、或是報復性的回應。要做好心理準備，讓這個界線提醒你，父母的回應是他們的作爲、而且專屬於他們，和你沒有太大關係或是任何關係。讓它提醒你，你並不是自願要成長在一個「童年情感忽視」的家庭裡頭。讓它提醒你，你已經努力爭取到你的情緒健康，沒有人、甚至你的父母也不能把它奪走，因爲你不會允許這樣的事情發生。讓它告訴你，你已經有長足的進展，你應該爲自己感到驕傲。準備好在這個情況中運用這個個人界線，讓它好好發揮效果。

你也需要內在界線。它能幫助你以一種連結而非拒絕的語調來和父母談話，讓自己保持超然

（即使你的父母可能非常激動），並且謹慎地選擇你的用字遣詞。你的身體界線會讓你在談話中或談話過後，取得一些物理空間上的距離。你的時間界線將會幫助你讓舊傷口待在它的位置上，讓你可以好好消化目前發生的事。

把自己擺在第一位

背負著「童年情感忽視」，「把自己擺在第一位」對你來說或許是很大的挑戰。你自然的傾向就是把別人的需求和感受擺在前面，不過就目前的情況來看，這樣的作法對你沒有幫助。

當然，你會希望自己在和父母談論「童年情感忽視」的時候，對他們抱持著同情心。但是對父母有同情心，不代表你就要把他們的需求擺在自己的需求前面。你和父母談論這件事的主要原因，最重要的就是要幫助你自己。所以當你和他們對話時，記得要把自己的需求擺在前面。在關心、同情父母的感受之餘，同時也要關心、同情你自己的感受和需要，在兩者之間找到平衡。跟他們談談你自己和你的經驗，向他們要求你需要的東西，保護自己。既然現在你對於情緒已經發展出覺察能力，也知道它們如何運作，你便可以進入這些情緒，在你和父母進行這場重要談話的時候，把它們當成你的資源。

你的情緒會讓你知道自己是否觸動了父母的心，或者何時該趁勝追擊、何時該休息一下。留意父母當下的感受，這能幫助你調整自己的訊息，讓他們比較容易聽得進去。不過要記得，你所做的每一個決定，最根本的依據都是你自己的需求，其次才是父母的需求。

設定你的期望

事先設定你的期望，不只意味著爲自己找出比較實際的目標，還要確定合理的成功是什麼意思。當我們談論這件事，成功的定義是很重要的，最主要的原因在於，當你和父母談話時，你只有一半的掌握權——你自己的那一半。剩下的就要看你的父母了。

我建議你第一次談的時候，不要把目標設定得太高。根據你父母情緒覺察力的程度，只要簡單地讓他們知道你在沉思自己、童年、或是家庭關係，這樣的目標對初次的對話來說，或許就已經足夠。要記得，你和父母的對話不會只有這一次，而大多數成功的對談，一開始都像這樣簡短，然後隨著時間慢慢獲得進展，這是你的父母和你自己都願意、也能夠承受的速度。

對於初次嘗試，以下是幾個可能且可行的目標，請選擇一個。或者因爲所有的親子關係都是獨特的，你可以爲自己的狀況想一個屬於你自己的小目標。

範例：初次和父母談「童年情感忽視」，你想要達到的目標

- 他們以一種有意義的方式聽你談論自己五分鐘。
- 他們聽見「情感忽視」這個詞彙。
- 他們分享自己小時候和「童年情感忽視」有關的往事。
- 他們聽你說小時候和「童年情感忽視」有關的往事。

- 他們知道你很認眞地在思考自己、童年和他們。
- 他們願意讀一篇「童年情感忽視」的文章。
- 在談話的某個片刻，你感受到情感連結或是同理心，不管是對他們抱持著這種感受，或是從他們那裡獲得這種感受。

確定談話的場景

想想你父母親獨特的個性，看看什麼樣的地方最適合與他們談話。找一個你們能夠擁有隱私、有足夠的時間且舒服的地方，讓談話沒有壓力。

想個時間，一年之中，哪個月、星期幾、或是一天當中的什麼時間，你和父母之間最爲放鬆、或是關係最具正面能量。你可以邀請他們一起吃午餐或晚餐，請他們到家裡或是由你去拜訪他們，邀請他們和你一起散散步，或是陪你一起去辦事。你個人的「最佳時機」，端看你和你父母的情況而定。

同時也要想想看，是不是要先提醒一下父母比較好。對他們說：「有件事我想和你們談一談。」可以給他們一個提醒，你在煩惱某些事情，這能讓他們做好心理準備。不過，有些父母聽到這些話可能會造成反效果、或是讓他們覺得焦慮。傾聽你的直覺，它的訊息是什麼?它要你怎麼處理這件事?

有些人覺得最好不要先選定時間、地點，而是等待正確的時間自己降臨。有時候，「最佳時機」不是你能事先規劃或設定的。如果可以等待時機自然發生也很好。不過，等待正確的時機有個風險，它或許不會自行發生，或者是要等待很久才會發生。在等待的時候，不斷地看著、等著你和父母之間「感覺對」的時間點，有時候是很痛苦的。畢竟，這不就是你小時候的狀況重新上演嗎？

選擇你的話題橋樑

「橋樑」這個詞指的是你要用來和父母交流的東西，你也可以把它想成一種連結。把父母放在心裡，讓我們試著來找出某些他們會感興趣、會相信、或是勉強可以忍受的東西。我們現在來想一些點子，從最謹慎的到最大膽的。當你讀的時候，想想你的父母，看看你能不能用以下其中一種方式（你也可以加以變化）來觸及他們。

範例：你和父母之間的橋樑——從最謹慎到最無畏的對話

- **以正面能量開啟對話**。和父母開始任何接觸之前，都先給他們一些肯定。和他們分享你對他們的感激，或許是童年時他們給你的某些東西。這能夠爲談論他們的童年或你的童年埋下伏筆。問問父母一些實際發生而又個人的事情，像是：「你怎麼能給我某個重要的東西，然而你自己卻從來沒有擁有過？」這是一個很好的引子，讓你們可以接著討論他們沒有給你的某些東西，是因爲他們從未擁有這樣東西（情感認同）。

- **給予他們片刻的同理心**。藉著這個橋樑，你試著提起某個話題，讓它引出父母某些脆弱的情緒，即使再細微都沒關係。接著，讓你自己對他們感同身受，同時讓他們知道你同情他們。
- **交換同理心**。和父母分享你的脆弱，讓上述的同理心時刻加倍有力。比如說：「我可以想像你現在／當時有多難過／壓力有多大／有多艱辛？我在……的時候也有這種感覺。」你的目標是在你們之間點燃相互瞭解的火花。
- **問問他們的童年過得如何**。引發父母的童年回憶，或許是通往他們眞實情感的路徑。如果你的父母只願意說正面、快樂的事情，讓他們從這裡開始，接著問他們一些可以把他們拉向某個情緒的問題。
- **激發他們的好奇心**。試著在你們的對話中埋一個小小的伏筆，你可以說：「我讀到某個東西，讓我對我們家完全改觀。如果你感興趣的話，我有時間再告訴你。」
- **和他們聊聊你讀過的文章**。跳過激發他們的好奇心這個步驟，直接和他們聊聊你在「童年情感忽視」網站（EmotionalNeglect.com）或是在我的部落格（PsychCentral.com）讀過的文章。挑選文章的時候要特別留意，如果文章中包含了某些可以觸動你父母的引子，你們的對談將會更有成效。

- **給他們看《童年情感忽視：為何我們總是渴望親密，卻又難以承受？》**。請父母讀讀這本書，告訴他們，你想就這個主題聊一聊。
- **告訴他們你的困擾**。跟父母說因爲這個問題，你很難去找他們、和他們聊天。如果他們想知道發生了什麼事，並且願意和你談一談，那你就和他們繼續下去。不過還是要謹愼一點。如果你的父母眞的關心你、也重視你們的關係，只是缺乏某些情感技巧，那麼這種比較簡單直白的方法或許最有效。諷刺的是，如果你的父母是難搞的第三類型父母，這個可能也是你唯一的方法。或許唯有這麼開門見山，他們才會聽你說話，而你也才能和他們交流。這種作法也有可能將你們的關係推向臨界點，讓你獲得解脫，或者至少讓他們鬆開對你的掌控。繼續往下讀梅兒的故事，看看這個方法如何發揮效果。

幫助你的父母面對罪惡感和自我防衛

當你試著和父母談論這件事，有兩個因素可能會成爲你成功與進步路途上的阻礙，那就是罪惡感和自我防衛，它們通常會一起出現。你的父親或母親可能會覺得你把自己的問題怪罪在他們頭上，他們也有可能會在當下覺得自己是失敗的父母。這兩種反應都很正常，他們要不是變得充滿防衛性，不然就是耽溺在自責中不可自拔。

看看是不是有什麼潛在的責備、罪惡感、以及防衛反應可能對你的最佳計畫造成破壞，是很重要的。你要準備好面對父母的這些感受，並且採取防範措施，或是在它們出現的時候立刻著手處理。要預防並處理父母的罪惡感，最好的方式就是給他們愛的保證，對他們的處境表示理解，同時肯定並且感激他們的付出。對話開始的時候先拋出正向的開場白，肯定父母做得好的地方，並且對他們困難的處境表示理解。對他們成長時期的匱乏表示同情，和他們分享你對此事的正面感受。大方、有智慧地運用這些方法，讓父母願意和你共處、聽你說話，這麼做能夠增加你達成目標的成功率。

療癒親子關係的對談範例

【奧莉薇和她的母親（第二類型：連自己都照顧不好的父母）】

當奧莉薇和奧斯卡在伴侶治療上獲得了令人讚歎的進展（請見「第一部分」的描述），奧莉薇也因此對自己有了更多的瞭解。她終於知道自己這輩子究竟少了什麼東西，也知道為什麼會如此。她知道那個總是為了孩子著想、但是連自己都照顧不好的母親，在養育她的時候忽略了她的情感需求，所以在她成年以後，她也落入了這樣的模式。她發現自己的丈夫愛自己的方式就像她母親（和她總是缺席的父親）愛她的方式，不管發生了什麼事，她都覺得自己的婚姻沒有什麼問題，儘管事實並非如此。

有一天，奧莉薇打破了她和母親已經習慣成自然的慣例：每個星期六上午十一點準時去探望母親。這次，她在週五晚上打電話給母親，邀請她週六中午出去吃飯。奧莉薇記得幾年前在離家不遠的餐廳過生日，其間她和母親簡短地聊到奧莉薇的外祖父母。她覺得那時候的對話有一種跟平常不太一樣的親密感與連結感，所以她希望這次的午餐邀約能夠再為她們帶來類似的感受。

對於突然改變慣例，奧莉薇的母親有些困惑，不過她還是很樂意出門走走。到了餐廳，奧莉薇發現母親興致高昂，在點餐過後，她們一人一杯白酒，舒服地坐著。「這樣真好，」奧莉薇的母親說，「好像在過節一樣，雖然今天並不是。」

奧莉薇仔細地準備了一段開場白，胸有成竹地說：「我記得上次來這家餐廳吃飯的時候，你告訴我外公因為戰爭去從軍，所以你只好開始幫忙處理原本外公要做的各種家務。」（藉著提到母親的童年，奧莉薇開啓了一條通往過去的管道，希望可以利用它與母親產生連結。）

「哦，對啊，那些家務真的很嚇人。我們農場裡有養豬，而我的運氣很差，成了必須照顧牠們的那個人。跟你說，豬小的時候很可愛，但是長大後就會變得非常、非常臭！」奧莉薇的母親一邊說一邊笑。

「媽，你知道嗎，我這陣子常常想到你過去的事，我很好奇，外婆是怎麼面對自己一個人被留在農場、還要帶三個小孩這件事？面對這樣的重責大任，她承受得住嗎？丈夫不在身邊，她一定很寂寞。」

有那麼一會兒，奧莉薇的母親看起來若有所思，也顯得有些哀傷，不過接著她又笑著說：「是啊，不過至少她不用餵豬，因為她都叫我去餵！」

奧莉薇說：「是啊，這倒是真的。」她和母親都笑了。「你真的那麼討厭餵豬嗎？你有沒有對外婆抱怨過這件事？」

「沒有，我沒抱怨過。你知道，在那個時間點，你沒辦法抱怨些什麼。農場裡的事情太多，偏偏人力又不夠，你只能試著去做做看，沒什麼好說的，我們那個時候都是這樣。」

「老天，媽，聽起來好像你這輩子都是這樣，你從來沒有抱怨的餘地，對不對？我一直都覺得你是個真正的戰士。」

奧莉薇的母親低下頭看著餐巾，看起來有點不自在。她不太習慣有人讚美自己，也不知道該如何回應。奧莉薇把這一切看在眼裡，為了讓母親覺得好過一點，所以她先把話題從母親身上轉移開來。

「外婆會抱怨嗎？她會不會看起來累得半死、或是壓力很大的樣子？」

奧莉薇的母親想了一下，然後說：「這個嘛，我想想……沒有，她從來沒有抱怨過什麼。不過有一次她連續在床上躺了四天。我們幾個孩子那時才十幾歲，全都忙得團團轉要把該做的事情做完。我的年紀最長，所以我一天要去她房裡好幾次，問她要不要起床，不過她會轉身到另一邊，把枕頭放在頭上，要我別去煩她。」

「你一定覺得很困惑！你知道她怎麼了嗎？你有沒有嚇壞了？」

「有啊！一開始我們以為她生病了，但是後來發現好像不是這樣。總之，幾天後她自己起床了，然後一切又回到老樣子。回想起來，當你外公不在的時候，這樣的事情發生過好幾次。我們知道自己得想辦法維持生計，所以我們就去做自己能做的事情。」

從這扇窗進入母親的童年，奧莉薇覺得非常驚喜，差一點忘了自己本來的計畫，不過她還想知道更多：「外婆有沒有告訴你，她為什麼四天不下床？你們後來有談過這件事嗎？」

「哦，怎麼可能。她能下床，我們高興都來不及，一切又回到之前的樣子，直到下次她又這樣為止。」

「媽，聽你講這些真好玩。我還想知道更多和你的童年有關的事。」看著母親，奧莉薇發現母親眼裡有些惆悵，她決定抓住這個時機：「最近我讀了一篇文章和一本書，書裡說父母通常不太會跟孩子交代某些事情發生的原因，或是和孩子討論壓力比較大的家庭事件或問題，書中也討論了這種狀況會怎麼影響孩子。」奧莉薇仔細地觀察母親的反應：她看見一些困惑，混雜著好奇，也夾雜著悲傷。

「哦，這樣啊，事情就是如此。我長大以後還可以，對吧？」

「你確實成了一個堅強的人，就像我剛剛說的，你是個真正的戰士。」

在這樣一個經驗中，奧莉薇的表現可圈可點。她爲自己與母親初次的談話，找到一個不是很大而且容易達成的目標：站在母親的立場，感受她過去的遭遇。她早就料到母親會告訴她過去的事件和事物（家務和豬隻），並且把注意力放在行爲上，避開情緒性的字眼。她並沒有爲了滿足自己的需求而咄咄逼人，她利用母親的童年經驗來與母親產生連結，並且點出母親成長時所遭遇的「童年情感忽視」。她肯定了母親的經驗，因爲這些經驗讓她成爲一個堅強的人，且不至於讓母親覺得不舒服。最後，奧莉薇使用了一些比較不具威脅性的情感詞彙，在談到奧莉薇的外婆時，她使用了「累得半死」以及「壓力很大」這樣的字眼，而不是「憂鬱」這種較具挑釁意味的用語。最後，奧莉薇在這樣的過程中和母親產生了情感上的連結，給出她母親所需的適當回應，讓對話可以繼續下去。

讀到這樣的互動，你可能會覺得這場對話對奧莉薇而言好像不太公平，因爲她完全沒有機會談談自己的童年，也沒有辦法把「童年情感忽視」這個議題帶出來。事實上，在這次午餐過後，她感覺到一種悲傷、一種渴望，所以她返家後便與奧斯卡討論這件事。

不過，這次對談只是奧莉薇與母親第一次的談話，她們後來同意每隔幾個星期就到這家餐廳一起吃午餐，奧莉薇利用這些午餐約會來瞭解更多母親過往的故事。後來奧莉薇用「童年情感忽視」來說明母親的兒時經歷，她的母親也同意讀《童年情感忽視：為何我們總是渴望親密，卻又難以承受？》這本書。當她讀了書，才知道「童年情感忽視」會代代相傳，從為孩子著想的父母傳到孩子身上，再繼續往下一代傳。

奧莉薇的母親從來沒有真正試著去療癒自己的「童年情感忽視」，但是奧莉薇可以看得出來——至少是在她們談話的時候——她的母親開始能夠感受到更多樣化的情緒。最後，她們開始談論奧莉薇的童年。奧莉薇這輩子第一次覺得自己和母親在情感上有了真正的連結，這只有在兩個人真正瞭解對方、看見對方的時候才會發生。

你和第二類型「連自己都照顧不好」的父母的談話可能不會這麼順利，這是很正常的。每個人的過程都不一樣，每個第二類型的父母和每個孩子也各有不同。不過如果你遵循奧莉薇運用的大原則，並且付出耐心和情感上的同理心，你就能夠增加對話的成功率。

現在，讓我們來看看當奧斯卡決定和他第一類型「為孩子著想卻缺乏自覺」的雙親談話時，會發生什麼事。

【奧斯卡和他的父母（第一類型：為孩子著想卻缺乏自覺的父母）】

如果你還記得奧斯卡運用「感覺公式」，從而知道自己和父母見面的結果是零分。根據這樣的結果，他開始和父母約在外頭、而不是到父母家探訪，並且也減少了拜訪的次數。他也拜託奧莉薇不要讓他太常和父親單獨在一塊。這些作法讓他沒有再感受到這些年來早已習慣成自然的無聊、空虛感受。

有好一陣子，這些方法幫助奧斯卡和父母維持良好關係。不過一段時間過後，因為看見父母變老，他又再度對於自己和父母的關係感到空虛和悲傷。他已經轉化了自己的婚姻，把它從寂寞和冷淡變得生氣蓬勃、夫婦同心並且互相支持。他現在心裡想，趁一切都還來得及，自己是不是該試著與父母建立連結呢？和父母談起結婚五十週年派對的那場對話，就像是最終的導火線。她和奧莉薇仔細地討論了這件事，奧莉薇提出了很棒的意見。她說：「如果哪天他們不在了，你會因為和他們談過、但是失敗而覺得後悔，還是會因為從來沒有試著和他們溝通而感到悔恨？」

奧斯卡知道自己沒有什麼好失去的，所以開始計畫這件事。他把父親和母親分開想一想，他的母親似乎沒有父親那種令人窒息的空洞，所以他決定先和母親單獨談一談。

考慮到母親的個性，他知道母親最有活力的時候就是和孫子在一起、或是談論他們的時候，所以，他決定利用孫子這個話題當成邀請母親敞開心房的管道。幾個星期之後，奧斯卡的父親膝蓋開刀，奧斯卡到父母家幫忙。當父親在另一個房裡睡覺的時候，他泡了茶，給母親端了一杯，挨著她坐在沙發上。就像意料中的一樣，母親立刻問起孫兒們——辛蒂和卡麥隆——過得好不好。

這次，他沒有給母親以前那種習以為常卻理所當然的回答，今天奧斯卡採取了不同的作法：「當然，他們還不錯。不過說真的，我和奧莉薇有點擔心他們兩個。辛蒂都二十六歲了，還在當售貨員，她得好好想一想自己的職業生涯，她看起來有點力不從心。」

「哦，」奧斯卡的母親說道，看起來有點擔心：「嗯，她是個聰明的女孩，她會知道該怎麼做的。」她以平常粉飾問題的語調這麼說。又一次，奧斯卡給了母親不同於以往的回應。他忽視母親想要粉飾太平的努力，繼續談論這個問題。

「我從來沒跟你說過這個，但是卡麥隆從中學開始就會恐慌症發作，他現在還是有焦慮症的問題。」奧斯卡在這裡打住，看看母親有什麼反應。他又看到母親臉上露出微微擔憂的神情。

「這樣啊，那是什麼意思？」她問。

在奧斯卡和母親解釋了恐慌症之後，她若有所思地點了點頭。「你知道嗎，當你們還小的時候，我也會這樣。」她解釋道，「恐慌症發作很糟糕，所以我去看醫生，醫生說一定是因為壓力什麼的，我也搞不清楚。」奧斯卡的母親停頓一下，仔細地想了想，突然說：「你覺得那些症狀會在家族裡相互傳染嗎？我覺得我的母親也會這樣！萬一卡麥隆的恐慌症是我傳給他的呢!?」

在這裡，奧斯卡知道突破的機會來了。「的確有研究顯示，焦慮症會在家族中傳染開來，不過我有讀過一篇文章，裡頭說還有其他原因會造成這種狀況。當我和奧莉薇試著幫助卡麥隆的時候，我們讀了一些東西，然後發現我們在教養他們兩個的時候犯了一些錯誤，很可能因此造成他們現在的那些問題。」奧斯卡看看母親的表情，她現在看起來有些困惑，不知道該作何回應。他決定下手再重一點。

「是啊，我剛剛說的這篇文章，是關於那些不太把事情說開、不太好好注意彼此感受的家庭。不管你信不信，這些家庭的小孩比較容易有憂鬱或是焦慮的傾向。」

「這樣啊……呃……嗯……我不知道，我聽不太懂。」奧斯卡的母親有些結巴。

「哦，媽，沒關係的。我知道這聽起來很奇怪，不過這樣吧，我會把那篇文章寄給你，你讀讀看，然後告訴我你覺得有沒有道理，你說好嗎？」

奧斯卡的母親因為這個話題結束而鬆了一口氣，說道：「嗯，當然好，一定。我會讀的，沒問題。」

奧斯卡在與母親的第一次對談中，收穫頗豐。他和母親談論了一個個人的、眞實的議題，因此獲得她過去、以及他外祖母過往的一些訊息，而且還把「情感忽視」（雖然他沒有明確地把這幾個字說出來）的概念介紹給母親，也讓母親同意閱讀一篇文章，透過她個人的議題（焦慮症）來瞭解「童年情感忽視」。

奧斯卡的母親讀過這篇文章之後，立刻打電話給他。母親告訴他，她自己兒時經歷過的一樁痛苦的事，而她的父母從來不去談這件事，也沒有對她伸出援手。奧斯卡對於母親的經歷感到十分同情。之後他們又談了幾次，奧斯卡開始和母親分享他對母親與父親的感受。奧斯卡不斷地安撫母親，並且幫助她克服自責的感覺，而她終於知道自己在情感上辜負了奧斯卡，眞正地知道這件事對奧斯卡造成了什麼樣的影響。她讀了一些和「童年情感忽視」有關的資料，並且說服奧斯卡的父親也讀一讀這些文章。

奧斯卡的父親對於「童年情感忽視」的概念沒什麼感覺，不過因爲他的妻子正在改變，也使得他的情緒覺察能力變得比以前更好。奧斯卡與母親的關係有了巨大的變化，奧莉薇與她的關係亦然。現在他們夫婦倆對於拜訪奧斯卡的父母都變得很期待，再也沒有必要去想要如何與他們相處，或是減少會面的時間。他們現在可以開誠布公地談話，談話的內容也比較有意義，不再侷限於孫子這個主題。他們可以談過去的事，也可以談目前生活上的問題和困境。或許最重要的一點是，奧斯卡很少感受到過去與父母相處時，那種揮之不去的空虛無聊感受。

到目前爲止，我們看過幾個跟「爲孩子著想的父母」談話的例子。如你所見，就算是跟「爲孩子著想卻缺乏自覺」的父母談話，也需要好好斟酌一番，並且要有極大的耐心和情感上的連結，才能獲得良好的溝通成效。不過如果你的父母是第三類型「自我中心」的父母，那又是另一種狀況了。

【梅兒和她的父母（第三類型：自我中心的父母）】

上次我們談到梅兒的時候，她拒絕了母親的感恩節晚餐邀約，並且經驗到母親的報復行為——好幾個星期連一通電話都沒有。梅兒覺得自己和父母劃下界線有些自私，不過透過這樣的經驗，她也學會怎麼處理自己的感受。但是當她持續地和父母劃下界線，她發現這會消耗掉她當一名健康的母親、關愛的妻子與有效率的律師所需要的能量。她看見了接下來數十年等著她的是痛苦而又讓人筋疲力竭的攻防戰、劃下界線、以及報復。她知道自己必須有所行動，以一種真真切切的方式來改變自己和父母的關係。

由於梅兒的母親非常自我中心，報復心又強，讓梅兒對於要做些什麼事來挑戰她感到戰戰兢兢，所以她決定來找我諮詢，尋求專業的建議和協助。加上馬歇爾的支持，我們一起制訂了一個計畫。

梅兒考慮到她母親是比較自我中心的那一個，父親相對來說比較和善以及好相處。有時候當她看進父親的眼裡，他甚至看起來是支持她的，但是他很少會幫她講話。梅兒知道如果自己和父親談「童年情感忽視」可能不會有什麼用，因為他從來不會公然反抗母親。她覺得把父親和母親看成一組，同時對他們兩人談論這個話題會比較好。

當我和梅兒討論這件事，我警告她，她的目標可能不是要和父母產生連結（像奧斯卡和奧莉薇那樣）。相反地，梅兒的目標是要向父母解釋為何自己越來越少和他們相處。如果她想要為自己建立真實的界線和空間，以自己的方式來過自己的生活，從父母加諸在她身上的痛苦和責備循環中解脫出來，是唯一的方法。

梅兒改變了情勢。和拒絕父母的邀約不同，她打電話邀請他們到自己家裡，共度一個週日午後。她對他們說：「有些事情我想當面和你們談一談。」在女兒對他們保持距離一段時間之後，梅兒的父母對於受邀到女兒家裡感到很開心，立刻就答應了。

當梅兒的父母來到她家，他們表現得中規中矩。近來受到女兒劃下界線的懲戒，他們給了她不同於以往的溫暖擁抱，而且當他們在喝咖啡的時候，梅兒的母親沒有說出任何尖銳、充滿批判性或是控制欲的言語，這讓梅兒更難以對父母開口（她開始因為自己傷害兩老而覺得自己太過自私，並且開始懷疑這樣對待父母是不是有必要），但是她知道自己必須堅持下去。在聽完母親滔滔不絕地談論自己在鎮議會扮演多麼重要的角色之後，梅兒說：「爸、媽，我之前說過，有些事情我們必須談一談。」梅兒的母親停止談話，直視著梅兒，她的好奇心暫時大過自己想要別人注意她的需求。

馬歇爾坐在妻子身邊，握住她的手。她知道梅兒接下來要說的話對她來說並不容易，因此希望表明自己在這件事情上對她的支持——不只是對梅兒的父母做出表示，更重要的，他要梅兒知道他的心意。他看著梅兒深深地吸了一口氣，便帶著欽佩之意，等待她開始說話。

「爸、媽，我知道最近大家都不好過。」梅兒說，「和過去一年比起來，我們今年很少聚在一起。我想要告訴你們為什麼會如此，因為我知道你們覺得受傷，這也讓我感到非常難過。」

梅兒的父母專心聆聽，因為他們從梅兒那裡感受到同理心，不可抗拒地被吸引住了。梅兒分別看看父親和母親，注意到父親的眼神開放、略顯脆弱，母親的眼神則是有些狂野與渴望，他們同時都在等著梅兒接著說下去。「媽，你對我和馬歇爾都很好，尤其是對孩子們。不過每次我跟你在一起，都會覺得受傷。我終於來到一個臨界點，我覺得自己太常受傷、受傷太嚴重，所以我必須創造一些個人空間，和你們少相處一點。我知道這會傷害你們的感情，所以我想對你們解釋一下。」

看著父母，父親看起來有點不好意思，母親則是顯得充滿防衛性和憤怒，她知道接下來會發生什麼事，整個人繃得緊緊的。

「你實在是敏感過頭了，」梅兒的母親氣憤地說，「從小你就是這個樣子。我實在是不敢相信，帶你們去度假、幫你照顧孩子，所有這些你說過我為你做得很好的事情，難道還不夠讓你愛我嗎？很抱歉我不是一個『理想』母親，不過我盡力了。其他人對母親的要求也不過就是這樣！」在那個片刻，梅兒的母親流下自己沒有做錯什麼的淚水，她的父親則是看著地板。

「媽，我很抱歉這麼做讓你覺得受傷。事實上，這些都和愛沒有關係。我當然愛你，只是我不能讓自己一次又一次地受傷，這對我來說不是一件好事。如果你要我舉例、或是想知道你做的哪些事情讓我覺得受傷，我很樂意和你聊一聊。不過因為現在你不太高興，或許我們先在這裡停下來比較好。」

沉默了一陣子，馬歇爾想看看梅兒的母親是否會對自己在哪裡傷害了女兒感到好奇，然而這並沒有發生。所以他站起來，說道：「我們的孩子都到哪兒去啦？我去把他們從後院叫進來，大家來吃點點心。」

梅兒也站起來，她看著馬歇爾，眼裡充滿感激，也暫時鬆了一口氣，抓了張面紙拭去淚水，跟著他一起到廚房去。

我想，現在你大概不覺得梅兒和父母的互動有多成功，但是這已經是梅兒的一大壯舉。事實上，對她而言，這樣的行動改變了一切，但是它和奧莉薇或奧斯卡與父母談話後的那種情況很不一樣。

首先，讓我們回顧一下梅兒在這場對話中做得很好的地方。第一，她選擇了一個具有挑戰性、但是容易達成的目標：向父母說明他們之間的互動讓她感到受傷，而且這就是梅兒最近疏遠他們的原因。除了選擇一個合理的目標，她還邀請父母到她家，讓他們覺得自己沒有被梅兒遺棄，並且盡量讓他們處於一種被接受的氛圍之中。

面對第三類型那種追著你不放、或是試著要掐住你、控制你的父母來說，主動出擊可能是打破這種關係的好方法。當一個自我中心或是具有控制欲的父母無法繼續他/她的遊戲，他/她可能會暫時變得比較開放、比較容易溝通，這就是梅兒的願望和計畫。如你所見，因爲這樣，梅兒才能把該說的話說出來。

在這次出擊之後，梅兒和父母的關係有了微妙但卻重大的轉變。當然，她的父母維持著原來的個性，這點並沒有改變。不過在某些方面，他們和女兒的互動方式有了明顯的不同。梅兒的母親在邀請梅兒到他們家時比較沒有那麼強勢，也不會因爲梅兒比較少和他們在一起而說出一些讓她覺得難堪的話。不過，最重要的變化發生在梅兒內心，因爲自己以成人的態度挺身對抗父母，她覺得自己變得強而有力；她覺得自己因爲誠實而獲得解脫；也覺得自己在成人的關係中盡了自己的本分，可以不用再顧慮父母的感受、反應和需要。現在，發球權就掌握在她的手上。

雖然這些對她有很大的幫助，但是她和父母的問題並沒有獲得解決。他們之間還有許多嚴重的問題和掙扎不斷上演，這就是我們接著要談論的主題。

如果關係已毫無改變的希望

並不是所有難以溝通的父母都像梅兒的父母那樣難搞。你的父母可能非常善良，一點也沒有控制欲、不會苛責人、操弄人、或是具有侵略性，但就是無法跟你談論任何重要的事情。你那難以溝通的父母可能只是情緒太脆弱、或是太容易生氣，所以很難跟他們談論「童年情感忽視」；或者是你們已經沒有往來，抑或他們可能已經不在人世。

無論理由為何，如果你沒辦法和父母溝通，那你只好自己承擔所有的後果。你可能受到遺棄，覺得寂寞。你可能感受到原諒父母的壓力，不管他們還活著或者已經離世。你可能會發現自己仍然不斷期望父母可以改變。

當父母給你的是空虛感

你可能會認為填滿內心空虛的唯一方式，就是從父母那裡得到他們過去拒絕給你的溫暖和連結。這樣的想法再自然不過。說實話，這可能是一種合理的「彌補」方式，不過還有很多其他方法一樣有效，就某些狀況來說，甚至有更好的效果。如果你已經知道「童年情感忽視」如何運作，已經知道自己之所以有空虛感，有一部分原因是因為你的感受被棄之不顧，那麼要填滿空虛的一個重要方式，就是給自己時間，重新去復原自己的情緒，肯定它們、傾聽它們的聲音。

要填滿內心的空虛，還有另外一個方式：試著開始放鬆你既有的、僵硬的自我保護高牆。這些高牆是你童年的產物，那時候你需要它來保護你免於自己的情緒、以及自己的情緒需求，因為你的原生家庭無法接受它們。現在你已經長大成人，你不再需要這樣一面牆。你的周遭有許多親朋好友，他們都願意用他們的愛、溫暖和關心來填補你的空虛。那可能是你的伴侶、你的手足、你的表兄弟姊妹、同事或朋友。重要的是，敞開你的心房讓他們進來，同時尋求更多的情誼。要做到這一點，你必須站出去、會見人們。尋找那些值得信任、和你有連結的人，接著去培養這樣的連結。記得要把注意力放在連結的品質上，而不是連結的數目，因爲會填補你的是你們之間情感的深度、而不是人數。

當你面對是否要原諒父母的壓力

無論你望向何方，都會看見有人在談論或是書寫跟原諒有關的事。對於那些受到虧待的人，原諒經常被當成解決之道。你會聽見人們說：「原諒你的父母，不然你沒有辦法走出來。」對於那些相信這種簡單觀點的人們來說，你對於父母那種複雜、痛苦的感受，可能會被貼上「怨恨」的標籤。

不過，要原諒一個不知道自己在哪裡辜負了你的人——儘管他們道了歉或者試圖彌補——是一件非常困難的事。我希望你不會屈從於別人的期望或是單方面的意見。我反而希望你要尊重自己的感受，並且以一種眞實的方式來處理這些感受、度過這些感受。

如果你的父母已經很努力地想要修正他們與你的關係，那麼或許你可以試著在某個程度上原諒他們。這會自然而然地發生。如果你要很努力才能原諒他們，這或許是一個徵兆，意味著他們必須多給你一點回饋。如果你的父母對這件事情不是很認眞，自然也就不用談原諒不原諒了。我建議你不要把自己的時間、精力、關愛放在原諒父母這件事上面，而是要把它們用在解決自己的問題。繼續讀下去，我會繼續爲你提供各種協助。

當你總是抱著希望父母可以改變的期望

如果這是你的願望，我向你保證，這樣的感覺完全正常，而且成千上萬像你一樣的好人都有這樣的心願。事實上，我聽見許多人一再提起同樣的願望，這樣的願望似乎是人類境況的一部分。你並不孤單。

我希望自己可以告訴你如何從這樣的願望中解脫出來，但是我知道這個願望深埋在人性之中，因此它會自己延續下去，不管你如何意識到它的徒勞無益。所以與其幫助你消滅它，我反倒希望可以幫助你面對它。就這一點而言，我可以給你三個線索：接受這個願望，它是人性的一部分；要知道，許多人都和你一樣有這種願望；不要因爲這樣的願望而讓自己在父母面前變得軟弱。

我看過許多人與父母相處的時候讓自己處於情緒受傷的狀況，因爲他們在潛意識中希望父母可以改變。「如果我可以……（請自行塡空），或許我的父親就會開始重視我。」對自己自然的願望保持覺察，並且知道你必須有意識地調節這樣的願望，會讓你比較不那麼脆弱。

當你感受到罪惡感和恐懼

你的罪惡感——那種因爲做了某些錯事而產生的難過感受——和那些沒有經歷過「童年情感

忽視」的人的罪惡感相較，或許是相當不同的。為什麼？因為你特有的罪惡感背後的驅動力，經常是害怕自己成為一個自私的人，這對於「童年情感忽視」個案來說是相當尋常的狀況。由於會過度注意他人的需求，你會不可自拔地感受到自私與罪惡感。你的罪惡感會擾亂你，讓你無法和父母劃下界線來保護你自己。此外，各種媒體以及千千萬萬的人都認為每個人都要愛自己的父母。不過我要向你保證，你是這個世界上最不應該感到自私或有罪惡感的人。

你要怎樣才能採取必要的步驟和父母劃下界線，對他們說「不」？或者當你跟他們拉開距離的時候，罪惡感告訴你不該這麼做，這時，你該怎麼辦？對於「童年情感忽視」個案來說，罪惡感是療癒之路上最大的一個障礙。

我之所以會談論這些事情，就是希望提醒你：你必須保護自己免於父母的傷害。所以，你必須以自己的需求為主要考量，看看自己何時要與他們見面、要花多少時間、在他們面前要多麼順從。你給父母的情感連結，不用比父母給你的還多。如果只是單純因為每個人都說你應該要創造溫情和關愛的感覺，於是你就努力地做，這會大大地耗損你的情緒力量和情緒健康。我可以絕對肯定地告訴你——你一定要把自己的需要放在第一順位。

當你不允許自己悲傷

在這種狀況下，還有一件重要的事可能會妨礙你的療癒進度，那就是不允許自己為那些永遠無法獲得的東西感到悲傷。當你明白自己的父母永遠沒辦法以他們原本應該做的那樣來瞭解你、愛你，這會讓人感到非常痛苦。如果你想運用我們在這本書裡談過的策略，你必須為自己哀悼一下。讓自己感受到這件事帶來的悲傷和疼痛，讓自己哭出來。你正在經歷一種就很多方面來說比死亡還要嚴重的失落。有些人的父母，完全無法讓人和他們產生情感連結。當這些人的父母還在世的時候，他們便因爲自己永遠無法獲得的東西而哀傷到不能自已，所以當他們的父母眞的過世的時候，他們的眼淚早已所剩無幾。讓自己感到悲傷這件事非常健康，它讓你自我調適，完全沒有問題。

哀傷有個好處——只要你允許自己經歷它，它不會待著不走。所謂的經歷它，意思是去感受它、用你的大腦去處理它，並且和某個在乎你的人談論它。讓治療師、你信任的伴侶或是朋友，與你同坐在你的悲傷裡。運用這些步驟，有一天你終將能夠繼續前進。

面對難以靠近的父母時，你可以這樣應對

與父母交流，竟成了生命中的一大挑戰，這的確讓人覺得有點悲傷。如果與他們交流還會讓你垂頭喪志、讓你覺得自己不夠好、啃噬了你的自尊、或是讓你無法接受其他讓你變得更強壯、更成熟的健康挑戰，這將更加令人難過。我不願看到這件事發生在你身上，你也不會希望這種事發生在自己身上。

除了我們在這一章稍早提過的自我保護策略（請回頭稍做複習），我還有一些特別爲你量身打造的建議，讓你可以用來面對無法在情感上靠近的父母：

1. 把注意力放在「做自己」上。當你和父母在一起的時候，還有當你過自己的人生的時候，

特別要把注意力放在「做自己」這件事情上。不要隱藏你的本性，要讓你的父母和其他人都看見眞實的你。讀到這裡，你可能不覺得自己隱藏了什麼。但是我敢說你一定隱藏了某些東西。因爲你沒有在原生家庭裡獲得足夠的接納，所以你一直都沒有對父母或是其他人表現出你最眞實的一面。對你來說，哪一種方式是比較好過的：隱藏你自己的鋒芒，避免讓你的家人不開心或是讓自己露出本色，才不會讓人覺得奇怪？還是展現眞實的自己，即便這麼做會與人產生衝突或是很可能遭受別人拒絕？

這個答案因人而異。要這麼做，沒有所謂「正確」的方式。在你獨特的情況下，和你獨特的父母在一起，對你來說，隱藏自己是一個比較好的選擇嗎？或者把你自己的心意說清楚講明白比較好？我希望你可以定期回顧並回答這個問題，因爲你的答案也會隨時間而改變。

如果你的父母對你有暴力行爲，如果你因爲害怕自私，或是因爲罪惡感與責任感而無法與父母劃下你非常需要的界線（或是以上皆然），讓他們看看你的眞實面貌，或許可以把發球權重新拿到你的手上。就像梅兒在前面的例子中所做的，讓父母更瞭解你的價值、你的感受、你的需求、以及你的成就，這樣，他們就會覺得和你在一起，他們無法得到那麼多東西，他們可能就會變得比較不黏你或是對你不再有那麼多要求，就像梅兒的父母對梅兒的反應。對於無法說「不」的「童年情感忽視」個案來說，感覺可能很奇怪，但是這種狀況相當令人感到安慰。在某些情況下，讓別人拒絕你，比你去拒絕別人還要容易得多。

2. 對父母保持親切。不管你決定要對父母顯露自己，或者是要保持低調、避開麻煩，有一個簡單的策略可以用來支持你。這個方法很直接，而且幾乎每個人都做得到，但是它有極大的力量，可以幫助你在面對「童年情感忽視」父母時建立並維持適當的界線。這個方法就是對他們保持親切。在你和父母見面之前，你只要展現出親切的臉色，你就能夠以一種和善、不針鋒相對、同時可以保護自己的方式和父母交流。「是的，謝謝你。」「很棒，你好嗎？」「我幫你倒杯咖啡好嗎？」「你們委員會開會一切順利嗎？」這些親切的話語聽在「童年情感忽視」父母的耳中就像是愛，然而卻不會耗費你什麼力氣。

在我們進入最後一個應對策略之前，我要再來談一談家暴的嚴重性。會家暴孩子的父母，必須被納入特殊的類型。無論你所面對的是哪一種形式的家暴，只要你無法保護自己，請求助於專業的治療師。這是「童年情感忽視」的成年個案所遇到最具挑戰性的狀況，如果你放任不管，它便會毀滅你的人生。我希望你能求助於一個登記在案、合格的心理專家，讓他幫助你、和你一起想辦法，讓父母不要再繼續傷害你的人生。

3. 讓愛傳出去。現在，我們來談談最後一個策略，但不代表它不重要。這個策略也是很好的方法。它非常強而有力，而且對你生活的各個層面都能帶來啓發。帶上你所有的挫折和憤怒、失望、罪惡感、空虛感和悲傷，與其把它們以負能量的形式導向你的父母，不如把它們轉化成正面的能量，讓它們往前流動、流入你的未來。

讓自己變得比他們更成熟，以這種方式來償還你覺得自己虧欠父母的東西。對於那些想要扯你後腿、拖你下水的力量，表現得叛逆一些。打破你自己的高牆、感受到你的感覺、承認你的錯誤。對於你關心的人表現你的同理心，即使冒險也要深深地去愛。聽從你的直覺、相信你自己、爲你自己發聲。盡你最大的努力，給予你的孩子那些你自己從來無法擁有的東西。成爲你自己，知道你自己已經很好了。

這樣的公式可以塡滿你的空虛、療癒你的悲傷。這是你榮耀父母的方式，並且對於他們曾經給你的東西致上最高敬意。

他們給了你生命。

【第三部】

如何和孩子情感交流？

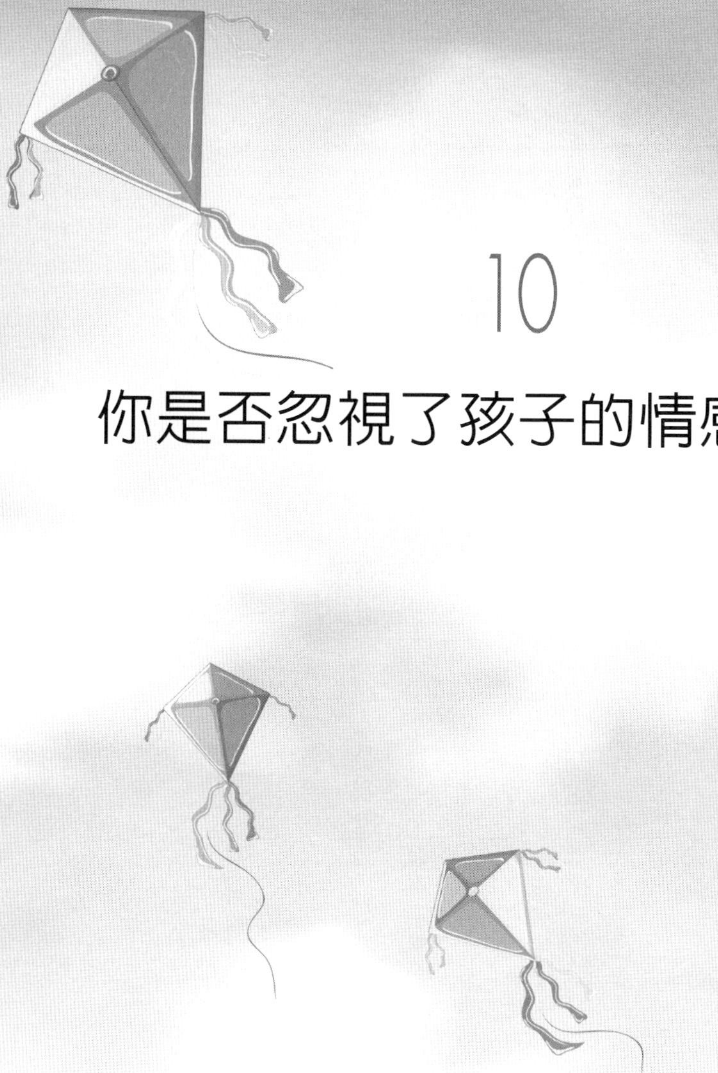

10

你是否忽視了孩子的情感需求？

受到童年情感忽視的兒童

【梅兒和馬歇爾的女兒——瑪莎（六歲）】

不可否認，六歲的瑪莎很可愛。她有著一頭及肩的烏溜溜秀髮，以及一雙深邃、如杏仁般且閃閃發亮的眼眸，渾身充滿了生氣與活力。瑪莎是梅兒和馬歇爾的第二個孩子，她讓他們兩個成天都有事做，家裡絕對沒有無聊的時候。

梅兒和馬歇爾深愛瑪莎的活力和精神，但是他們必須承認，她有時候會讓人累得半死。瑪莎的哥哥，十一歲的麥可，就天性來說和父母比較相像。他比瑪莎還要安靜，也顯得比較沉穩。馬歇爾認為女兒的活力非常能吸引人，並且與人產生連結。然而，梅兒卻常常因此覺得快要喘不過氣。馬歇爾說瑪莎的活力就是她的「亮點」，但是梅兒卻說那是一種「壓迫感」。

對於這個孩子的情緒強度，馬歇爾和梅兒都感到十分不解。當瑪莎開心的時候，她是個討人喜歡、富有創造力的孩子。不過如果她不高興，便可以在轉眼間變成另一個人：一開始緊皺著眉頭，接下來變成一張扭曲的臉，然後便是驚聲尖叫和哭泣——這些都發生在一瞬間。

馬歇爾白天的工作時間很長，每個月會有一些時間需要去外地出差，所以他對於女兒的「亮點」並沒有那麼頻繁的接觸。大部分的時候，曾經受到母親在情感上不當對待和忽視的梅兒，必須一個人處理女兒的各種強烈感受。

梅兒完全不知道該如何面對女兒的強烈情緒。當瑪莎三歲的時候，梅兒試著要讓她關禁閉，不過這種作法只是讓瑪莎叫得更大聲，而且似乎讓她更變本加厲。當瑪莎稍微長大一點，梅兒試著和她說理，但是似乎一點用也沒有。梅兒試著去忽視瑪莎的惱人之處，結果還是一樣。

有趣的是，瑪莎的脾氣總是在馬歇爾離家的時候變得更頻繁、更劇烈。更有趣的是，她在學校完全不會這樣。瑪莎的老師說她在學校是一個行止得宜、開朗且討人喜愛的孩子。

梅兒和馬歇爾不知道該怎麼辦才好，他們擔心瑪莎在情緒上可能不太成熟。終於，後來有一天馬歇爾讀了《童年情感忽視：為何我們總是渴望親密，卻又難以承受？》。

你可能還記得，馬歇爾當初翻閱這本書，是因爲他想要知道自己爲何在婚姻中感到若有所失。身爲父母，他對於自己和梅兒的表現是很有信心的。他知道自己的妻子是個愛孩子而且盡心盡力的母親，儘管她要面對吃重的法律事業，但她依然願意爲教養這件事審愼地奉獻自己的一切。雖然梅兒不常主動說起這件事，但是馬歇爾知道她在教養孩子方面非常小心，就是不要把自己母親帶有控制欲的、情緒暴力的那一套教養方式，用在自己的孩子身上。然而，當他讀到這本書，他開始以「童年情感忽視」的觀點來檢視他的妻子和他的婚姻，同時也開始透過這樣一個視角來看待自己的孩子。

現在，他開始感到好奇，梅兒的童年經驗和瑪莎的教養問題之間是不是有些關聯，她們的關係中是不是缺少了某些東西呢？

對於「童年情感忽視」的領悟，通常都是這樣開始的。首先，你會在生活中最明顯的地方看見它。接著，當你更加瞭解它的廣度和深度，你就會看見它從各個方面環繞著你。對於馬歇爾來說，在孩子身上看見「童年情感忽視」是很難接受的一件事，因爲他知道自己和梅兒爲孩子付出了那麼多。他相當清楚他們夫妻倆愛著孩子，但是他無法看見「不存在的東西」：他們沒有足夠的情緒應變能力以及情緒覺知，因此無法幫助像瑪莎這樣情緒敏銳的孩子去學習人我界線和情感技巧，而這些對於她的生存來說都是不可或缺的。

幸運的是，你接著就會讀到，馬歇爾的領悟爲他的孩子們帶來了很多希望，這是「童年情感忽視」的一線光明——它眞正、必定且毫無疑問地能夠獲得療癒。

受到童年情感忽視的青少年

「奧莉薇和奧斯卡的兒子——卡麥隆（十七歲）」

大約在奧斯卡和母親談論「童年情感忽視」的一年前，他和奧莉薇一起坐在客廳裡，嚴肅地談事情。他們那天接到學校的電話，所以試著想搞清楚十七歲的卡麥隆做了什麼以及為什麼那麼做，並且想辦法做出回應。

那天早上，卡麥隆十一年級的歷史老師打電話給奧莉薇，讓她知道自己的兒子最近在學校似乎過得不太好。「阿卡最近似乎不像以前一樣會跟同學一起玩，」他的老師說，「我最近常常看到他午餐的時候自己一個人坐著，之前他總是朋友成群。我最近留意到他好像變了。今天上課時間他沒有出現，於是我就去找他。」

結果阿卡的歷史老師發現他在男生廁所裡，處於一種過度換氣的狀況。老師花了十分鐘才讓阿卡的呼吸穩定下來，接著把他帶去學校的保健室。「他後來有回來上課，但是看起來好像覺得剛剛發生的事很丟臉，他不肯跟我說明原委，也不願意告訴護士究竟發生了什麼事、或是他到底怎麼了。我們覺得應該要告訴你們這件事。」老師說。

在奧莉薇把老師的話轉述給奧斯卡以後，他們兩個都傷心地攤在椅子上。那時候他們正在挽救自己的婚姻，我們的婚姻諮商正進行到一半，而他們的婚姻和他們對自己的觀點都有深深的轉變。在過去，阿卡有好幾次突然不想跟朋友來往、以及「壓力太大」的紀錄。不過這一次，阿卡的父母第一次對於情緒以及情緒的運作有了比較深入的瞭解。這一次，也是他們第一次可以真正瞭解他們的兒子究竟怎麼了。

在以前，每次當阿卡遇到困難，奧莉薇和奧斯卡都認為他只是因為學校的功課而有些累了、有些壓力、有些喘不過氣。他們覺得他可能是太認真，所以就要求他每天早點上床睡覺。他有時候真的看起來很痛苦，但總是可以在幾天以後重新振作起來。然而，以前的這些狀況都不像這一次那麼誇張。這是老師第一次打電話來，並且提到卡麥隆過度換氣的狀況。對於奧斯卡和奧莉薇來說，他們的心裡也是第一次敲起了警鐘。

在我們當週的伴侶諮商當中，我們談到了卡麥隆。那個時候，我對奧斯卡和奧莉薇已經相當熟悉，我知道他們是愛孩子、關心孩子的父母。透過「童年情感忽視」的透鏡，我很快就知道阿卡所遭遇的是焦慮症發作，同時我也知道為什麼會這樣。但是在我們談論「為什麼」以及如何解決這件事之前，我必須先幫助奧斯卡和奧莉薇克服他們自責的痛苦。

因為奧斯卡比奧莉薇更早就被迫面對情緒這件事情在生活裡的重要性（因為

癌症療程），他從那時候開始就以一種全新的眼光來看待自己的兒子。奧斯卡回顧孩子對於他經歷癌症手術和治療的反應，發現他和妻子並沒有以適切的方式，跟辛蒂和卡麥隆談論這件事。他們只是告訴孩子關於父親生病的事實，以及接下來要進行的療程，在過程中也讓孩子隨時掌握奧斯卡的健康狀況，但是他們並沒有以任何具體的方式來處理與此事相關的情緒議題。在我跟奧斯卡及奧莉薇談論卡麥隆的焦慮症發作時，他們已經在家裡把這件事談了一遍。對於自己這樣辜負了孩子，他們兩人都感受到責任與自責的重擔。

「他會這麼難過，都是我們的錯。」奧莉薇說。接著，在不停流下的淚水之中，他們想到那些自從接觸「童年情感忽視」理論以來對於孩子的觀察和領悟。他們說起辛蒂從學步期開始，就異常地獨立。在少年期和青年期，她似乎很少需要父母的幫忙或協助，所以他們對她也採取了有些放任的教養模式。同樣的情節，毫不意外地也在奧斯卡的癌症事件中上演。當然，辛蒂也關心父親的狀況，但是她看起來非常堅強，並且能夠自己消化這件事。事實上，她是那麼自立自強，讓奧莉薇和奧斯卡都覺得相當訝異。

從另一方面來看，阿卡在面對這件事情的時候似乎遇到比較大的困難。每當奧莉薇和他報告奧斯卡的最新狀況，他總是有些淚眼汪汪的。奧莉薇那時候想，自己最好多安慰他，也很小心地跟他說一切都很好，說他的父親會好起來的（如果你還記得，這也是她面對奧斯卡的方式）。這種作法似乎還滿有效的，因為阿卡似乎會覺得好過一些，總是會點點頭，說他知道一切都會好起來。在奧斯卡罹癌的過程當中，奧莉薇又疲倦又恐慌，看到兩個孩子都那麼堅強、並且能夠面對這樣的狀況，讓她覺得輕鬆不少。

現在，透過「童年情感忽視」的視角回頭看，奧莉薇知道自己是一個愛孩子、關心孩子的母親，但是她和奧斯卡在養育孩子的時候，對於隱藏在孩子個性、反應以及日常生活後面的情緒，並沒有給予足夠的注意力。

受到童年情感忽視的成年人

【奧斯卡和奧莉薇的女兒——辛蒂（二十六歲）】

過去幾年來，奧斯卡和奧莉薇發現辛蒂會不接他們的電話，並且推掉和他們相處的機會。當他們真的和辛蒂見面的時候，她可能會毫無來由地因為某些小事而對他們生氣。辛蒂念高中的時候，他們覺得她對父母不理不睬或容易生氣是青春期的典型症狀；但是上了大學以後，她還是常常對父母發脾氣。還有，他們也注意到，當其他同學放假返家時，辛蒂經常寧願待在學校宿舍。他們一直以來都覺得「獨立」是辛蒂性格當中的一部分，並且認為她沒有經常必須回家的需求，那表示她很堅強。他們有時候會說自己對於辛蒂的自立自強感到非常驕傲，但卻一直都沒有注意到他們同時也有一點受傷和被拒絕的感覺。

辛蒂大學念的是商學院，會選擇念商，是她在大三的時候出於絕望所做出的選擇。她就讀的大學要求她選擇主修，但是她對於自己想念什麼完全沒有頭緒。辛蒂的父母對於她選擇了商學系感到很驚訝，但是當他們問她這件事的時候，她就表現出一副不耐煩的樣子，所以那時候奧莉薇和奧斯卡也就隨她去了。

現在，辛蒂已經二十六歲，大學畢業已經好幾年。她住在羅德島的普羅維登斯，離父母在波士頓的家大概有一個半小時的車程。她和幾個室友住在一起，並且在一家珠寶店當銷售員。從大學畢業開始，她已經在那裡工作了三年之久，升職成為晚間的店經理，看起來她對這份差事還算勝任愉快。但是她的父母擔心這不是一份真正的職業，而且有點浪費大學學歷能夠帶給她的好處。

當奧莉薇和奧斯卡開始透過「童年情感忽視」的角度來看自己的孩子，他們開始花上比從前更多的時間，深入地思考他們與辛蒂的關係。他們開始懷疑，辛蒂對他們的不耐煩，背後是不是隱藏著更深的憤怒，還有她極度的獨立是不是意味著某種並非是力量的特質。他們知道辛蒂不太需要和他們見面或互動，他們也知道每次有機會相處的時候，他們之間的交流似乎都沒有什麼意義。

「你的工作還好嗎，辛蒂？」奧斯卡會這麼問。「很好啊。」辛蒂會這麼回答。這些都可以猜得到，而且真的沒有什麼變化。可想而知，奧莉薇和奧斯卡不太可能瞭解辛蒂生活的真實樣貌。他們開始發現自己和辛蒂的關係，與自己和父母的關係在某些方面相當類似。他們開始知道自己從來沒有與女兒建立起一絲絲的連結。最後，他們知道某些地方可能出錯了，以及為什麼會出錯。現在他們要做的就是處理自己在面對此事時所產生的情緒反應，並且想想看接下來要怎麼做才好。

有時候，「童年情感忽視」這樣的透鏡，因爲力量過於強大，以致讓人感到有些不舒服。一旦你開始經由這樣的透鏡來檢視自己、你的童年、你的關係、以及最後，你的孩子，你可能會覺得腳底下的世界就要崩塌了。但是任何領悟都比不上「父母透鏡」的領悟那般沉重——你只要透過它看一眼，就會看到許多讓你打退堂鼓的痛苦現實。對於奧斯卡和奧莉薇而言，事情就是這樣，而且已經持續了一段時間。阿卡在學校發生的事不是開始，而是迫使他們對彼此、對我敞開心胸談論這件事的催化劑。這件事也逼迫他們去感覺，而那是他們從來沒有體驗過的感覺。

你和我都可以看得出來，奧斯卡和奧莉薇愛著自己的孩子，希望他們擁有最好的人生。他們已經使出渾身解數，盡可能地把孩子教養好，所以，此時此刻他們感到的痛苦和罪惡感是可以理解的。但是也因爲這樣，他們不應該承擔這些負面情緒。如果他們放任這些感受不管，這些感受會讓他們脫離正軌。我們晚點再來談奧斯卡和奧莉薇後來怎麼了。在那之前，我們必須先談談你身爲人父、人母的感受。

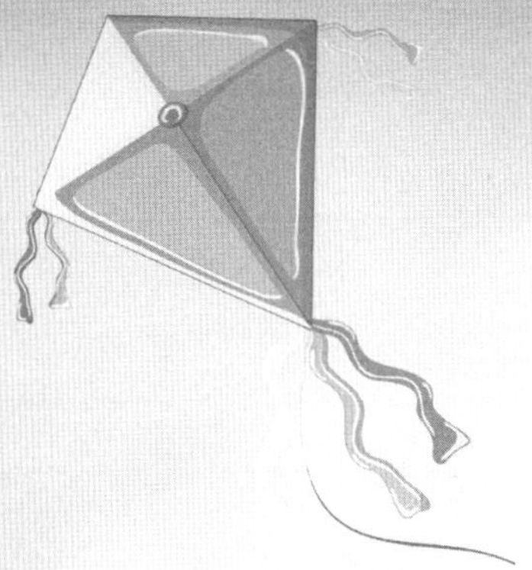

11

造成你忽視孩子情感的十個原因

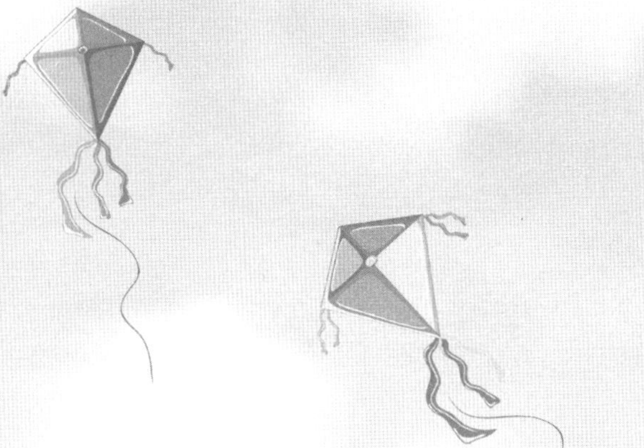

「『童年情感忽視』就像是個不斷傳承的禮物，自動地從這一代轉移到下一代身上。」

在我們開始討論如何修正教養的錯誤之前，我希望你可以先對自己以及自己的教養有更多的瞭解。你可能會想：這件事有什麼重要？你可能覺得自己已經等不下去，想要直接改正錯誤。你可能覺得和孩子的感受相較，自己的感受只是次要的，一點也不要緊。事實上，因爲你遭受「童年情感忽視」，讓你可能會想要直接跳過這一章。

對於這種衝動，我要說的是：想都別想。

我不能允許你如此對待自己——視自己的感覺爲無物。此外，你現在可能已經知道：如果你能夠覺察自己的感受，接著要改變自己的行爲就會變得比較容易。

如果你的父母有一些情緒上的盲點，會發生什麼事？他們在養育你的時候，很可能會看不見你的情緒需求，自然而然地，你長大以後也看不到自己的情緒需求。這種狀況就這樣一直延續下去。「童年情感忽視」就像是個不斷傳承的禮物，自動地從這一代轉移到下一代身上。

是的，它眞的是一種自動的傳承。如果你的父母沒有注意或回應你的感受，他們無意間就爲你創造出一種制約，讓你在養育自己的孩子時，對於自己的感受渾然不覺。但是你可以相信我，當你在撫養自己的孩子時，已經經歷過許許多多的感受。或許你對於某些感受早有察覺，或許你對於有這些感受還產生了罪惡感。

你有沒有想過，你身爲父母的感覺是否處於正常的範疇之內呢？你有沒有讀過一些和教養有關的文章，結果發現它們跟你在教養上所遇到的議題或是困難毫不相干？如果是這樣，很有可能是因爲這些文章並沒有將你「兒時情感匱乏」的後果考慮進去。一點也不讓人意外的是，這些後果相當嚴重。

你可能已經知道，「童年情感忽視」會造成十種顯著的特徵，這是讓「童年情感忽視」的成人個案倍感艱辛的十道難題。或許你已經思考過這十個「童年情感忽視」的後果對你的生活有什麼影響，如果是這樣，你會獲益匪淺。如果你還沒想過這個問題，那也沒有關係。如果你要把它們運用到自己的教養經驗上，你還是可以好好考慮這些因素。

現在，讓我們深入地來看看這十個典型的「童年情感忽視」挑戰，並且非常具體地運用它們來檢視你爲人父母的感受。在以下對於「童年情感忽視」父母全面性的描述當中，你可能會對其中一些產生共鳴，對於另外一些則沒有感覺。請注意你在閱讀的時候內心產生了什麼感受，因爲你當下的感受會告訴你，哪些對你而言是眞實而且有意義的。要記得，讀到某些感受的時候可能會讓你不太舒服。所以我想要給你幾個小提醒，讓你在閱讀接下來的段落時能夠面對不舒服的感覺。

1. **你無法決定自己要有什麼感覺**。感覺是生理的一部分，是你過去和當下情況的產物。
2. **感覺不受道德律控制。是非觀念無法用在感覺上**。永遠不要因爲自己有某種感覺而批判自己。
3. **覺知並接納自己的感覺非常重要**。當然，去察覺你現在作何感受是必要的。就算你再不喜歡，你也要接受自己擁有這樣的感覺。爲了處理你的感覺，這些是首要的步驟。
4. **不要因為自己的感覺而羞愧**。所有的父母，對於自己爲人父母的角色以及對孩子都會感到不安。有些人因爲害怕受到批判，所以會率先將這些感受表達出來。對於以下你將讀到的任何感受，如果你擁有它們，請不要感到羞愧。有許許多多就像你一樣愛孩子、關心孩子的父母，都和你站在同一艘船上。

兒時情感匱乏之父母的十種特質和感受

1. 反依賴：嚴重害怕依賴他人

童年時期，你就是被這樣的恐懼所制約。當你還是孩子時，你需要幫助，卻沒人注意到，所以你的潛意識就學到了寶貴的一課。你覺得依賴別人是一件不好或是丟臉的事。你也學會，如果你期望從別人身上獲得幫助，最後只會讓自己感到失望。

你有沒有打量過你周遭的其他父母親，然後覺得很奇怪，他們對於孩子的需索無度怎麼能表現得那麼自在？有些父母看起來甚至因爲這樣而朝氣蓬勃。根據兒時你父母回應你需求的方式，這種情況對你來說或許特別難以理解。

身爲父母，你的反依賴可能會爲你帶來制約，在某個程度上，讓你對於自然而然建構在你與孩子關係中的依賴感到非常不舒服。兒時，你的需求沒有獲得滿足；現在，你卻面對一個你必須滿足其各種需求的小傢伙。在較深層、甚至是無意識的層次上，你可能會覺得這是一個不公平的約束。現在既然我們要開誠布公地談這件事，我希望你知道，有這樣的感覺再正常不過了，而且它之所以存在，自有其意義。對父母的這種要求，的確不太公平。更重要的是，我們的社會很少提及養育孩子會產生的負面感受，但卻告訴你，上述這種不公平的感覺不是爲人父母的你應該要有的。

除了這種不公平的約束，你對於依賴他人的恐懼也會讓你覺得要求助於別人或接受別人的幫助，是一件困難的事。所有的父母都會在某些時候感到喘不過氣或是筋疲力盡，因此需要有人從旁支持或協助。如果仰賴其他的照顧者讓你覺得自己很無能、軟弱、或是自私，你將很快就會發現自己累到無以爲繼了。

「童年情感忽視」留給你的感受：孩子對你的依賴，讓你感到一種充滿拘束感、不平等、以及深度的不安，你可能還會因爲這樣的感受而責備自己、覺得羞愧。這種感覺會把你掏空，讓你無以爲繼。

2. 虧待自己，把同情心留給別人

這個特質是因爲特定的心理能力受到損害，讓你無法對自己產生同理心、從錯誤中走出來、瞭解並同情自己的遭遇、然後放自己一馬。

如果在你的童年時期，父母沒有對你展現出足夠的慈愛，你便無法自行學會給予自己這樣的感受。你會變成自己最嚴苛的批評者。之後，當你扛起「爲人父母」這個全世界最困難的工作，你等於是幫自己鋪好路來體驗最爲嚴苛的批評——你對自己的批評。

你的大腦裡是不是有個聲音在低語，說你不是一個好父母？說你不像其他父母那樣爲孩子付出？批評你不夠關心孩子、對孩子的感受不足、或是做得不夠好？你是否期望自己成爲近乎完美的父母，不管路上有什麼阻礙？你是否因爲把自己的需求放在孩子的需求前面，而覺得自己很自私？對自己缺乏同情心，最後一定會讓你覺得自己有所不足。

「童年情感忽視」留給你的感受：匱乏、自私、自我批判、認爲自己應該受到審判和批評、覺得有罪惡感。

3.空虛感

這是一種覺得自己有所匱乏的深層感受，可能會表現爲麻木、缺乏感覺、或是實際的空虛感。

身爲孩子，你必須把自己的感覺隔離開來，這樣才不會對你的原生家庭造成困擾。現在，身爲成人，你活著，然而卻無法觸及自己的情感，這讓你覺得自己內心深處彷彿少了什麼東西。

爲人父母，當然大家都期待你愛自己的孩子，你也理應對他們感到深深的關愛，而且你知道那樣的感覺就在那裡——在你的心裡面。但你就是無法一直以其他父母的那種方式感受到這一點。一般來說，你的孩子可能會以他們的情感、他們的開朗、他們鮮活的強烈生命力，來填補你童年時期留下的一些空洞。但是從別的方面來說，他們可能會讓你更加覺得自己有所匱乏。

在某些時刻，你可能會有這樣的體會：你走到感情之井，想要爲孩子汲取一些情感，卻發現井裡頭沒有足夠的水。在那個片刻，你可能對於自己缺乏的東西有了瞥見，這種感覺可能會讓你覺得極爲不安。

「童年情感忽視」留給你的感受：想要給予，但是情感之井有些乾涸；煩惱、覺得羞愧、悲傷、匱乏、筋疲力竭。

4.不切實際的自我評價

意思是缺乏明確的、實際的、均衡的自我認識。當父母給予注意力並且看見孩子的本性，每個孩子都可藉此發展出清楚的自我感受。當你還是孩子的時候，你看著父母的眼睛，在其中看見自己的倒影，你便開始認識自己。當你的父母發現你是一個本性善良而敏感的孩子，你也會這樣看待你自己。當你的父母知道你容易覺得害羞，你也會這樣認識你自己。當你的父母「發現」你是個認眞、聰明、害羞、討人喜歡、容易分心、充滿活力、值得依賴、忠誠、大方、很會踢足球、不太會跑步（你會知道他們大概的想法），你也會這樣「瞭解」你自己。

當你長大，看著父母的眼睛，發現自己在其間沒有一個充足、清晰、正確的倒影，你就失去了認識自己的機會。因爲你對於自己的本性缺乏訊息，你的人生便注定要充滿掙扎。你在生活的各個層面都會受到影響：從選擇工作、到選擇住所、到選擇伴侶都是。

身爲父母，你會覺得要瞭解、要認識你的孩子相當困難，就像你在瞭解自己、認識自己的時候一樣。你可能無法瞭解孩子的眞實本性、他的長處和弱點、喜好、習性、脾氣和需求。

「童年情感忽視」留給你的感受：失落、困惑、無法了解孩子、冷淡。

5. 罪惡感與羞恥感

你必備的情感是罪惡感與羞恥感。當你還是個孩子的時候，便承擔了教養自己的責任（至少就情感上來說是這樣）。由於缺乏父母對你的情感投注以及情感教育，於是你發展出自己的「內在父母」之音。你的內在父母之音很可能有點簡單，因爲那是兒時的你所創造出來的玩意。就你內在父母之音的思維來說，你做的事情不是對、就是錯。你要麼是個好父母，不然就是個壞父母。你覺得負面情緒很糟糕，甚至正面情緒也是。你缺乏成年人那種均衡、清晰的聲音，無法透過同理心來看見某個情況或是情緒的複雜性。當我們談到教養孩子這件事，這樣的制約絕對不是你的好夥伴。

身爲父母，當你覺得自己犯了某個教養上的失誤（每個父母都會），你會發現自己無法釐清狀況來瞭解究竟發生了什麼事。或許與之相反，你直接讓自己進入了羞恥感當中。基本上，到了最後，你可能會對自己在教養上犯的每個錯誤以及一切不完美之處，產生罪惡感或覺得丟臉。這種錯置的羞恥感會妨礙你從錯誤中學習，然而從錯誤中學習卻是成功教養的基礎。

「童年情感忽視」留給你的感受：羞恥感、羞恥感和更多的羞恥感；罪惡感、罪惡感和更多的罪惡感。特別是挫敗感。

6. 針對自己的憤怒與自責

這是你生活中無所不在的無限循環。你很容易責怪自己，隨後憤怒便緊接而來。你把所有出錯的事情都怪到自己頭上，並且因爲這樣而對自己生氣。

大部分的「童年情感忽視」家庭都不太擅於處理憤怒。憤怒不像任何過去累積的情緒，它特別令人難以招架。你的「童年情感忽視」家庭很有可能在憤怒上面犯了一、兩個錯誤：家人可能假裝它不存在，使得這個家裡的每個人都要壓抑自己正常的憤怒感受。或者，他們可能做了相反的事，也就是無法調節自己的憤怒，結果憤怒便在你的原生家庭中肆虐。不管是哪一種，你都沒有學會如何以一種健康的方式去接納、調節、或是表達你的憤怒。當然，這是一個大問題，因爲當父母的不可能沒有對孩子生氣的時候。

就我的經驗來說，大部分的「童年情感忽視」個案都不知道拿自己的憤怒怎麼辦，最後便把它拿來瞄準自己。身爲父母，和你的憤怒培養出健康的關係是一件非常、非常有益的事。健康的憤怒可以成爲你的動力，讓你知道自己何時必須和孩子立下界線、何時又該好好照顧自己。然而就目前來說，你的憤怒沒有幫助你，反而成爲你的障礙。你用它來對付自己，而不是朝著適當的目標發射。憤怒扯你的後腿，耗盡你的力氣，降低你的效率。因爲你把憤怒壓抑在心裡面，將它導向錯誤的方向、把它變成自己的一部分，以致有時它可能會一股腦地竄出來，朝著你的孩子發洩，但是你的心裡知道，這對他們並不公平。當然，這一切都讓你感到困惑、無解。

「童年情感忽視」留給你的感受：自責；平時不見憤怒的蹤影，但是憤怒和罪惡感可能會瞬間排山倒海而來；困惑。

7. 極力想隱藏眞實情感

你深深地覺得自己哪裡出了問題，因爲你和別人並不一樣。

極力想隱藏眞實情感是「童年情感忽視」的一個重要標記。這個強烈的「缺陷」，事實上是一種受到損傷的感覺，它讓你覺得孤立、與人格格不入。你害怕讓任何人接近你，害怕他們會看到你的毛病，然後拒絕你。極力想隱藏眞實情感會讓你覺得你無法在任何地方、任何人身上找到歸屬感。

即便成爲父母，這個致命的缺陷依然在背後驅使你，它除了會影響你做任何決定，也會在教養孩子的時候影響你的情緒。你可能會把伴侶拒於門外，甚至不讓孩子靠近你。由於害怕讓任何人靠得太近、把你看個仔細，你和孩子的關係可能會有點冷淡，而這並非你所預期的。這種冷淡對你來說在許多方面再正常不過（因爲那是你一直以來的生活模式），不過有時候你還是會因爲跟孩子不親而感到有些失落。

我也聽過許多經歷「童年情感忽視」的父母，表達他們對於「父母」這個身分的不安，因爲其中充滿太多社會要求，像是學校活動日、老師與家長聯誼之夜、或是家長會。你內心那種局外人的感覺——這種內在的需求讓你和其他人分開，像個防護罩——讓你覺得沒有歸屬感。你可能會覺得出現在學校的公開活動非常不自在，也沒辦法在棒球比賽或是聚餐的時候和其他的家長閒聊。因爲你的心裡藏著這個致命的缺陷，你可能會戴上快樂的面具，然後蒙混過去，但是這會耗費掉你許多能量，最後讓你覺得筋疲力竭。

「童年情感忽視」留給你的感受：對自己和孩子的關係感到失望；你可能會擔心親子之間缺

乏連結；焦慮、壓力、寂寞、格格不入、筋疲力竭。

8. 缺乏自我紀律

一旦缺乏自我紀律，你便沒辦法約束自己。

和一般人的概念相反，我們並非一出生就具備自我約束的能力。當我們還是孩子的時候，父母要我們守規矩，我們的紀律就是從這裡學來的。你那忽視你情感的父母可能沒有以一種健康、均衡的方式，給你足夠的限制和明確的界線。現在，當你長大成人了，這些健康的技巧沒有成爲你內建的一部分，你自然無法以一種中庸的方式來使用它們。要像其他父母那樣自然而然地教導孩子培養紀律，對你來說非常困難。就像你的情緒盲點一樣，這些盲點也會從這一代傳到下一代。

因爲在童年時期沒有接收到足夠的限制和界線，你會發現自己老是在掙扎，每當孩子需要一些紀律，都會讓你不知道該如何是好，頭腦亂成一團。最後，你可能會給孩子太少紀律或是太多紀律，不管是哪一種，結果都不是很好，但是你很難搞清楚究竟是哪個環節出了問題。

「童年情感忽視」留給你的感受：失控、失落、無助、挫折；對於不合作的孩子感到氣惱、困惑。

9. 無力滋養自己和別人

面對純粹、深刻、無防備的愛意、溫暖和關心，你失去了給予與接受的能力。

要以一個成人的身分分享與體驗這些純粹的感受，在童年時期，你必須有接受它們的能力，並且能夠將這些感受自由地分享出去。說眞的，對於「童年情感忽視」個案來說，這樣一個特殊的困境，讓我在寫作的時候覺得十分難過。因爲我不禁在腦海裡想到孩子時候的你，一個小男孩或小女孩，出於自然與健康的欲求，以一種天眞無邪的方式想要尋求每個孩子都需要的東西，然而卻受到阻撓，無法好好體驗開放式的給予和接受。

在童年時期，你對於滋養的自然需求沒有獲得滿足，而你從這點獲得了深刻的教訓，那就是：你不能隨心所欲地表達自己的需求，也無法隨心所欲地拿取別人的贈與。

身爲父母，你愛著、關心著自己的孩子，這是理所當然的事！但是在內心深處，那裡有個障礙。你可能知道、也可能不知道那裡有個障礙，但是無論如何，它就在那兒。你內在的障礙很有可能就是你的父親、母親、或者雙親的形象。不過如果你對此保持覺知，並且試著療癒你的「童年情感忽視」，我保證，這個障礙會慢慢減弱並降低它的威脅性。

這個內在的障礙與你致命的缺陷（亦即你極力想隱藏眞實情感）攜手同行，讓人難過的是，它會妨礙你在情感上以一種最完滿、最全面的方式與自己的孩子交流。你可能很難感覺到這樣的內在障礙對你有何影響，也無法臆測它的干擾範圍有多大。但是你每天都帶著這樣的影響過活，你的孩子可能會體驗到你兒時那種情感受阻的感覺。（不要那麼難過，這不是你的錯！你一定可以解決這個問題的。）你也會覺得自己與孩子的關係中有些阻礙和挫折。

你內在的障礙也會妨礙你滋養自己。身爲父母，你可能會覺得自己身而爲人的需求，像是休息、自由時間、自我照顧，有點超過或是自私。

力。

「童年情感忽視」留給你的感受：動彈不得、受阻、與孩子不親、自私；活著，但是渾身無力。

10. 述情障礙：無法覺察情緒或瞭解情緒

意思是缺乏對情緒的覺知、認識、以及處理情緒的技巧。童年是情緒智商的訓練所。如果你的父母瞭解你的感覺，對你的感覺做出回應，並且幫助你辨識、面對這些感覺，你就會知道不同的情緒會爲你帶來什麼樣的感受，以及如何把它們表達出來，於是你會知道自己「現在」作何感受、以及這種感覺可能的來由，於是你能夠瞭解自己爲何會去做某些事情，也能推測別人行動背後的動機。

當然，因爲你在童年時期沒有獲得這樣的注意力以及訓練，這些寶貴的訓練便沒有成爲你內建的一部分。現在，當你試著瞭解自己的孩子，你這方面的知識卻不太足夠。你會發現自己搞不清楚爲什麼孩子會有某些行爲舉止，你會過度地注意孩子的行爲、而不是孩子的感受。對你來說，要在情感上深入地瞭解孩子相當困難，每次講到要協助孩子、引導孩子、或給孩子他們需要的東西，你就會覺得有點茫然。

「童年情感忽視」留給你的感受：困惑、不解、擔憂、挫折。

不管什麼感受，都值得你去體驗和分享

我完全瞭解，攜帶著這些困難和痛苦的感受，身爲父母的你要把這些內容讀下去可能很辛苦。當然，我們也必須說，雖然有這些負面情緒，「父母」這個角色仍有許多愉快、可愛、情感上與孩子同在的感受。我和數百位「童年情感忽視」父母工作過，我向你保證，不管你和孩子在一起的時候感到多少自我懷疑、羞恥感、或是和孩子之間的鴻溝，你愛孩子的強度、品質或價值都是不容質疑的。這些就在那裡，在你的心裡。你沒有缺少什麼東西，你並不自私。你對孩子有愛、有關懷，只是你必須試著瞭解你的感受、分享你的感受。

我把這整個章節的重點放在你的感覺上，希望可以鼓勵你去知道並且接納這些感受，它們是你人類經驗的一部分。這是代代相傳的，而你可能沒有察覺到它們從你父母身上傳到了你身上。這些感受都不是你可以決定的，你無法選擇它們。

不過你的經驗有其意義，你的感覺都是眞實的感覺。它們是你「童年情感忽視」的產物。

那麼，關於「童年情感忽視」，我們知道什麼呢？

它可以被療癒。

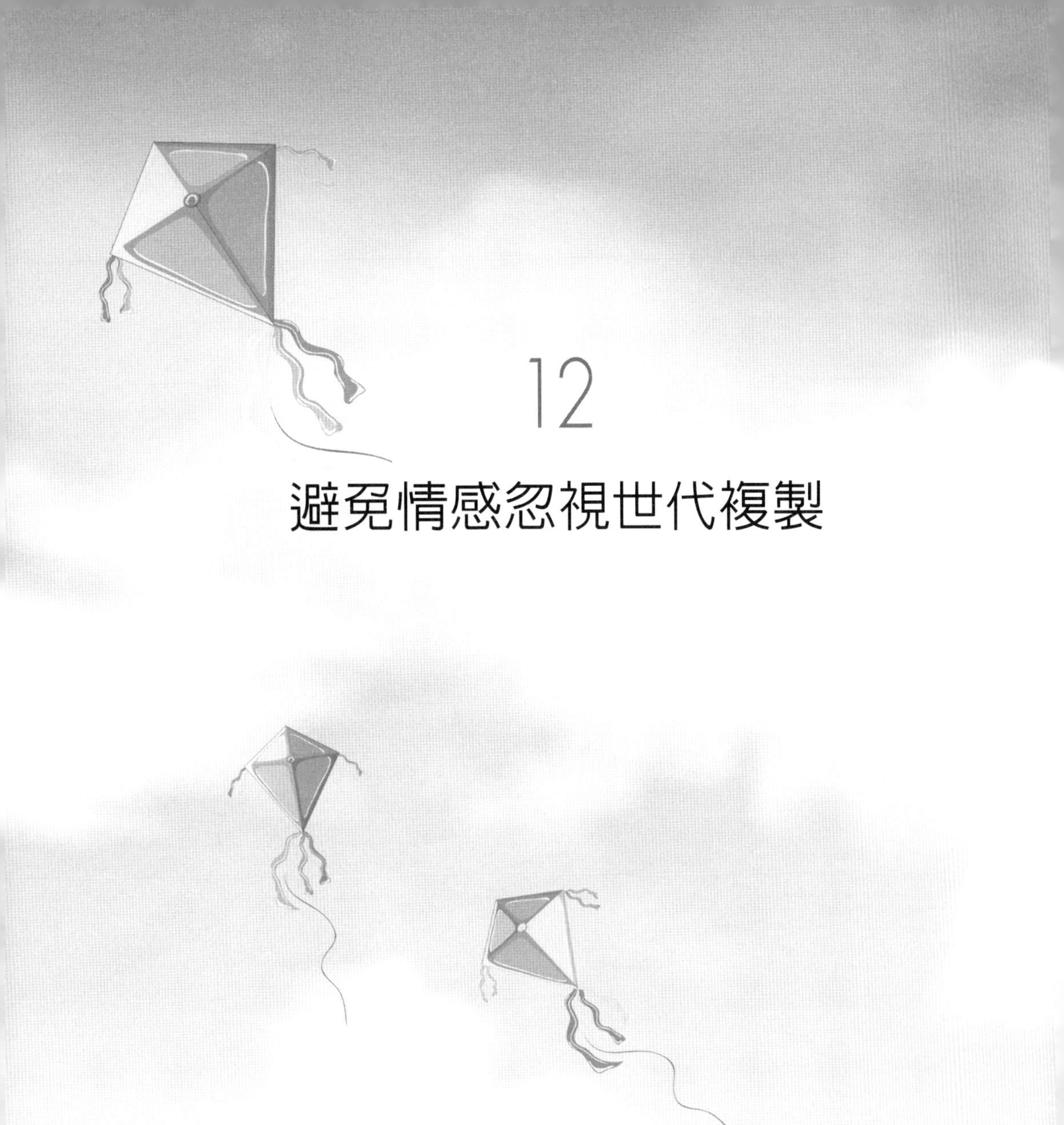

12

避免情感忽視世代複製

「你的孩子長大以後，『童年情感忽視』的『魔咒』依然沒有消失。」

我們已經知道，「童年情感忽視」對你內心的感受、自我感受、以及親子關係都有深刻的影響。對於積極的育兒時期來說，確實如此。不幸的是，你的孩子長大以後，「童年情感忽視」的「魔咒」依然沒有消失。

我完全可以瞭解，閱讀前一章和這一章，都是相當具有挑戰性的一件事。我希望自己可以找到一種不那麼難懂的方式，把這些重要的訊息傳遞給你，因爲我最不希望的就是爲你帶來額外的負擔，抑或讓你產生罪惡感或羞恥感，畢竟你已經在生命中嘗過太多這樣的滋味。但是我們知道，如果要改變你和孩子的關係，我們首先必須瞭解它。要瞭解它，我們就得對它加以討論。我知道你可能會覺得談論這些事情很困難，我只希望你能夠信賴我，讓我陪你走過這一段發現與療癒之旅。這趟旅程將會充滿關愛、值得、具有療癒效果，而且最終可以爲你帶來極大的回饋。

爲了把這件事做好，如果你已經讀過第十一章，並且打算繼續研讀這一章，我建議你可以稍微休息一下。做一些可以爲你帶來滋養的事情，讓大腦花點時間處理一下你剛剛才讀到的訊息。洗個泡泡浴或沖個熱水澡，出去散散步，呼吸新鮮空氣。和喜歡的朋友聊聊天，享用一點新鮮的草莓。聽聽你喜愛的音樂。最棒的是，稍微休息一下，明天就可以讀這一章了。一點也不用急。如果你有時間，可以先想想第十一章的內容，這會幫助你把這些內容吸收進去。

在這一章，我們會檢視你與孩子的關係。當然，我們知道所有的親子關係都獨一無二且複雜。當我們談到親子關係時，我們無法面面俱到。相反地，我們要把注意力放在「童年情感忽視」在你身上留下的特殊印記——它如何介入你和孩子的教養當中，以及你的孩子會如何感受到這件事情。不要認爲書裡寫的都能夠說明你的情況，因爲這件事和你個人獨特的印記有關。不用擔心，在這一章，我們偶爾會休息一下，讓我可以提醒你三個重要的事實：

- 無論「童年情感忽視」造成什麼後果，這些都不是你的錯。
- 你是一個關心孩子的父母（因爲你在讀這本書，所以我知道）。
- 要療癒你和孩子的關係，永遠都不嫌晚。

現在讓我們來看看，第十一章提到的十個「童年情感忽視」特徵，究竟是怎麼在我們的個案身上表現：梅兒和馬歐爾的婚姻，以及他們的兩個孩子瑪莎（六歲）和麥可（十一歲）；奧斯卡和奧莉薇的婚姻，以及他們的孩子辛蒂（成人）和卡麥隆（青少年）。看到這些可愛的、充滿善意的父母與孩子，當你閱讀他們的經驗，我希望你可以想想你自己、你的孩子、以及你的孩子可能會有的感受。

遭受情感忽視的孩子所面臨的掙扎和挑戰

孩子的情緒，就許多方面來說，就像大人的一樣複雜。就某些方面而言，因爲他們所體驗到的是更爲純粹的情緒，這些情緒的力量甚至更爲強大。當然，我們知道孩子每天都會受到各種日常生活作用力的影響，因此他們的感受不一定是因爲父母的對待所造成。孩子的世界充滿了人，包括老師和同儕。學校的規定、課業和社會壓力、還有基因，都會影響孩子的情緒。

就我們這一章的目的，我們會把焦點放在父母「童年情感忽視」的掙扎，會對孩子的感受造成什麼直接的影響。現在讓我們繼續往下讀，看看瑪莎、麥可、辛蒂和卡麥隆對父母的「童年情感忽視」特徵，有什麼樣的情緒反應。

1.反依賴：嚴重害怕依賴他人

【瑪莎，六歲】

今天是星期四，瑪莎在小學讀半天。敲了放學鐘以後，不搭巴士回家的孩子們一批一批被放到操場上玩耍，等著父母來接他們。在這美麗的日子裡，瑪莎和朋友一起在攀爬架上玩遊戲，非常樂在其中。當瑪莎看到她的朋友朝著她爬過來，她趕快閃開，以免被抓到。瑪莎一邊笑、一邊叫，好不容易閃過同學的攻擊，就在這時候，她聽見母親喊她的名字，也看見母親和哥哥麥可站在外邊，揮手要她過去。

遊戲正玩到一半，瑪莎看到母親的時候，彷彿被澆了一頭冷水。她決定不管怎樣都要把遊戲玩完，所以假裝什麼都沒看見、什麼都沒聽見，繼續玩她的遊戲。這種狀況大概只持續了一分多鐘，因為梅兒來到攀爬架旁對她說：「哈囉，小姐。去拿書包，我們要走囉。」

知道自己不得不聽母親的話，瑪莎覺得受到打擊，快樂時光就這樣沒了，而她和朋友永遠都不會知道這場遊戲究竟誰會勝出。突然間，她感到深深的失望和不平衡。她原本喜悅的神情轉瞬間成了不開心的皺眉。她請求：「媽，拜～託～我一定得把這個遊戲玩完，我們才玩到一半。」但是看到母親的臉色，她知道自己已經輸了，再怎麼拜託也沒有用。她充滿戲劇張力地從攀爬架落下，開始尖叫、大哭，對周圍的人大聲訴說她的不滿。

梅兒覺得很丟臉，站在瑪莎旁邊，看著她，卻不知道該怎麼辦才好。那天早上的工作壓力特別大，梅兒已經非常疲累，她想著，瑪莎似乎都知道她什麼時候最累，總是會特別在這些日子對她發脾氣。

一邊叫、一邊哭的時候，瑪莎偷偷瞄了母親一眼，想看看母親有什麼反應。她看到的是母親木然、凍結的表情，這才發現母親根本就沒有在看她。瑪莎悲情地這麼想：「她根本就不在乎我！」她覺得更生氣了，接著又開始嚎啕大哭。

在這個腳本中，梅兒並沒有做錯什麼事。事實上，她試著把每一件事情做得比好還要更好，甚至有些極端了。每個星期四是她兩個孩子上半天課的時候，她中午就得先放下忙碌的法律工作，到學校接兩個孩子，回到家以後，下午還要繼續工作。梅兒和馬歇爾曾經討論過請鄰居週四接自己小孩的時候，順路幫忙帶麥可和瑪莎回家，或是讓孩子們在課後班待幾個小時。但是梅兒不願意請鄰居幫忙，因爲她不想對他們有所虧欠。而且一想到孩子明明可以在家和她待著，做功課也好，在院子裡玩也好，她就覺得不該要求孩子參加課後班。

儘管馬歇爾懷著好意想要說服梅兒，梅兒還是堅持自己的立場。每個星期四她都會去接孩子，而她在事務所的合夥人對此嗤之以鼻，並會在週五交代更多的工作給她，似乎是藉此反對她繼續這麼做。

梅兒不知道自己已經陷入「反依賴」的陷阱中。梅兒那有自戀傾向的母親通常會把自己的需要放在孩子的需要前面，此舉使得梅兒早已習慣自己的需要沒有獲得滿足。這讓她覺得自己在家庭與事業之間蠟燭兩頭燒是很正常的事。梅兒很害怕自己會依賴別人的幫助，所以她不惜一切代價來避免這樣的狀況。她自發地承擔起過多的責任，試著照顧每一個人，卻在過程中犧牲了自己的需求。

當然，瑪莎完全不曉得母親的議題和掙扎。她有的就是孩子那種健康、眞誠的需求，相當單純、簡單而且明白——希望母親可以注意到她的感受和需要。這並非要父母去放縱孩子的感受，而是要看見它們、承認它們、並且幫助孩子去處理它們。

2.虧待自己，把同情心留給別人

「卡麥隆，十七歲」

卡麥隆坐在高中化學課的教室裡，正在考試。他已經寫完四題，對於這幾題他很有信心，但是剩下兩題他有點看不懂。「電化學的這個原理我沒有複習到。」他心裡想，「我怎麼會沒有複習到呢？」這樣的想法如滾雪球般，使他開始攻擊自己。

「為什麼我每次複習的時候都沒有搞對地方！我究竟是哪裡有毛病！」看看四周，卡麥隆發現同學們各個埋頭苦幹，看起來似乎非常得心應手。「其他人一定都有讀到那個原理，我就是唯一一個犯這種愚蠢錯誤的人。」他繼續這麼想，開始進入警戒狀態。

在這樣的思路當中，卡麥隆沒有注意到自己的心跳不斷加速，他的思緒飛快地增加。隨著心跳加快和毀滅性的想法不斷升高，時間彷彿以光速流逝。突然間，阿卡看著時鐘，發現老師已經差不多要說「時間到，把考卷交上來」。

卡麥隆交了考卷，他把頭壓低，希望沒有人會找他講話。他遠遠地把朋友拋在後面，想要快點回家。一走到家門口，他眼眶裡已經充滿淚水。

他走進門，發現母親在整理屋子，忙得團團轉。「嘿，阿卡，你今天在學校好嗎？」她從另外一個房間對他說。在他回答之前，她就帶著一堆雜物朝他走來，接著說：「我現在要去外婆家，晚餐之前就回來。」在母親匆匆忙忙出門之後，阿卡攤在床上，戴上耳機。他讓音樂爆破耳膜，希望可以淹沒他對自己的憤怒，還有腦海裡那個說著「你又搞砸了」的批判聲音。

所有的學生在學習的過程中都會犯錯，所有的父母偶爾都會急急忙忙的，所以從很多方面來說，這個故事沒有什麼特別的。不過，它凸顯了嚴厲的自我批判所帶來的傷害，還有因爲缺乏自我同情所導致的指控與憤怒。卡麥隆爲什麼會對自己這麼嚴苛呢？不幸的是，這是他的父母在疏忽之下教他的。

還記得卡麥隆的母親，也就是奧莉薇與她母親的關係嗎？奧莉薇在成長過程中擔負起照顧弟妹的責任，這樣母親才能安心工作。如今，她成年之後，儼然又成了年邁母親的照顧者。奧莉薇在成長的過程中，並未從她過勞又疲倦的母親或是缺席的父親那裡，學會覺知自己的經驗和感受。在她成長的年紀，沒人發現奧莉薇所犯的這個錯，並且和她談談這件事。她的生命中缺少了一個理性、均衡的成人聲音，幫助她釐清事情哪裡出錯、如何出錯，還有下一次遇到事情時可以用什麼別的方法來應對。我把這個聲音稱之爲「慈悲的問責」（Compassionate Accountability）。

慈悲的問責：一種關愛、理性的內在聲音，它能夠引導你面對錯誤，並且幫助你做選擇。它要你為自己負責，但是必須帶著慈悲的心境為之。它不會讓你逃避責任，也不會批判你。它幫助你從錯誤和選擇中學習，接著把它們放下，繼續前進。要知道如何為自己培養這樣的內在聲音，請參閱我的前一本著作《童年情感忽視：為何我們總是渴望親密，卻又難以承受？》第二四八至二五〇頁「守則四：與充滿關愛且堅定的內在聲音對話」。

不管是奧莉薇或是卡麥隆的父親奧斯卡，「慈悲的問責」這樣的內在聲音並不是他們成長過程中的一部分，所以他們也不能把這個技巧教給卡麥隆。

所以在卡麥隆的成長過程中，沒有人能夠給他足夠的引導，帶領他走過各種抉擇和錯誤。卡麥隆知道的「處理問題」技巧只有一種，那就是抨擊自己。當然，這種作法不太有效，而且還具有自我傷害的效果。事實上，他太忙著自我批判，因此浪費了寶貴的時間，而他原本可以把這些時間拿來解決剩下的考題。想像一下，如果卡麥隆的內在聲音說了別的話：「哦哦，你沒有複習到電化學的原理，眞糟糕。不過沒有關係，每個人都會犯錯。專心，專心，你還是可以想想看怎麼解題。」他大可把用在自我抨擊和製造焦慮的能量，都拿去解決手邊的考題。

這個故事還有另一個重點。當卡麥隆走進家門，眼裡含著淚，他的母親卻沒有發現。她問：「你今天在學校好嗎？」但卻沒有給他時間回答。這件事，就其本身來說，並不一定是個大問題，因爲所有的父母偶爾都會這個樣子。但是就整體來說，卡麥隆的父母沒有注意到他的感受，而是讓他自己去處理和面對問題、自己從錯誤中學習。

卡麥隆、奧莉薇和奧斯卡三個人都缺乏自我同情。這不是任何人的錯，也不是他們自找的。但是令人難過的是，這是卡麥隆的焦慮症主要的源頭以及燃料。如果奧莉薇和奧斯卡沒有在這件事情過後來進行婚姻諮商，而且表現得非常出色，卡麥隆之後可能就會繼續這樣長大、結婚生子，然後在無意中把這種缺乏自我同情所造成的痛苦，繼續傳給他的孩子。

3.空虛感

【辛蒂，二十六歲】

現在是星期四晚上十點，辛蒂正在她當夜班經理的珠寶店，準備關門打烊。和店員道過晚安之後，她自己一個人在店裡待了一會兒。她開始想著接下來要做什麼。要回她的公寓，開車要十五分鐘。她拿起手機，傳簡訊給她最好的朋友兼室友翠西。「我再十五分鐘就回去了，要一起做些什麼嗎？」

開車回家的路上，她一直留意翠西有沒有回覆她的簡訊，但是簡訊的警示音沒有響起。把車停好以後，她再次查看手機，確定翠西沒有回應，然後她想今晚應該就是這樣了。她心想：「翠西去哪兒了呢？希望有人在家。」她有點害怕回到空無一人的公寓。

然而，辛蒂還是覺得有點失望，真的沒有人在家。「好吧，沒問題的，」她想，「我可以享受一些獨處的時光，自己做個義大利麵。我想，翠西很快就會回來了。」再晚一些，吃完義大利麵並且在「網飛」（Netflix）看了一個節目之後，房子裡的安靜讓她有點不能呼吸。寂寞在她胸口燃燒，她感到的只有空洞和沉悶。她再看看手機——還是沒有訊息。「這太誇張了！翠西怎麼會沒看到我的訊息？這一點也不像她！我想她今晚完全忘了我這個人的存在。」這樣的想法讓心口的寂寞變成對翠西的憤怒，但是這也讓她陷入更深、更嚴重的「寂寞」感受。

辛蒂很熟悉這種感覺，自從她七年前離家念大學開始，這種感覺就經常伴隨在她左右。她「理解」那種感覺，但是並沒有覺察到它的存在，而是以自己的方式來處理這種狀況。每次辛蒂感覺到胸口那種空洞的渴望，她就會做些什麼事，這次也不例外。「上次有人留在這裡的那個肉桂捲呢？我知道它們就放在某個地方。」她一邊這麼宣告，一邊開始翻箱倒櫃。

你有沒有看到辛蒂體驗到的那種空洞、沉悶的感覺？她之所以會體驗到這種空虛，和你覺得空虛的原因大致相同。辛蒂是一個自給自足、獨立的年輕女性。她開朗，足智多謀，而且從許多方面來說，異常堅強。但是她有個巨大的致命弱點，就像阿基里斯的腳踝（Achilles heel）——

她堅強的樣貌乃是建立在流沙之上。她必須努力地去穩住流沙，這讓她活在恐懼當中，害怕她的堅強有一天會崩塌。

辛蒂的流沙，想當然就是她的情緒。她每天都有許許多多的情緒，在童年和青春期的時候也是這樣。在父親罹癌所帶來的驚嚇中，她有許多深層的情緒，但是她處理的方式大同小異。

如果你還記得，辛蒂是奧斯卡和奧莉薇的孩子，這對夫妻在養育孩子的數十年當中，不僅對自己的情緒視而不見，也看不見辛蒂或她弟弟卡麥隆的感受。因此，在辛蒂的原生家庭中，沒人注意到她的情緒、並且回應她的情緒。成長的過程中，辛蒂未曾學會情感的語言，也不知道該怎麼辨認自己的感受、承擔這些感受、或是利用這些感受。從這裡，她汲取了我們再熟悉不過的、強大的「童年情感忽視」訊息：你的感覺一點也不重要。辛蒂很早就學會逃避自己的情緒，而不是接納它們或利用它們。辛蒂現在活著，但缺乏了其他人享有的那種至關重要且豐富的資源：她的情緒。

幸運的是，對辛蒂來說，救援即將來到，因爲她的父母已經做了很棒的功課。他們一路走來，努力地療癒自己的「童年情感忽視」，接著就要走向辛蒂，對她伸出援手，鼓勵她加入他們的療癒旅程。

4.不切實際的自我評價

【卡麥隆，十七歲】

現在是夏末一個美麗的日子，卡麥隆一邊走著，一邊和一群朋友笑著聊天。他們朝著足球場前進，要去參加新學年的第一次練習。他非常興奮，想要秀一下他整個夏天苦練的傳球技巧，而且他對於在今年加入學校代表隊抱持著很高的期望。

教練簡短地對這些選手說明了今年的選拔要如何進行，也說明當天只是活動的暖身而已。「我希望你們不要太緊張。好好練習，把注意力放在你們必須加強的地方。我會在旁邊看，這樣我才會知道要怎麼幫助你們每一個人強化自己的技巧。到時候，我會從八十個人裡頭選出三十個最棒的選手加入校隊以及二軍。現在讓我們開始吧！」

選手們聽完教練的話之後，大聲歡呼，然後散開去進行各自的練習。卡麥隆過關斬將，一路從運球、轉身、穿越、頭槌，最後終於到了傳球。他從眼角的餘光看到教練在看他，心裡沉吟著：「他知道這是我去年最弱的地方，他待會兒一定會嚇一跳。」卡麥隆帶著球跑，技術高超地把球傳給隊友，接著就轉身看其他人傳球。但是他的心一沉，其他人顯然也在暑假苦練過，而且還比之前長得更高、更壯，這讓他自己顯得相形失色。

練習快要結束的時候，卡麥隆覺得教練幾乎沒有注意他或是他的傳球技巧。卡麥隆的朋友們在完成今年的第一次練習之後，快活地圍繞在他身邊聊個不停、互相擊掌，但他卻悄悄地溜開，想要快點回家，希望沒人會跟上來。在他的腦海裡，他想著：「你怎麼會想要試試看？你不可能入選的。你根本就不是當運動員的料。面對現實吧！」

有鑑於卡麥隆之前化學考試的狀況，對於他練完足球之後有什麼反應，你可能不會覺得訝異。不過在這裡，我們要把注意力放在伴隨他長大的「童年情感忽視」的另外一個面向。在這個狀況中，卡麥隆不只表現出他對自己缺乏同情，他還缺少了另一個更大、更重要的東西——自我認識。缺乏自我認識讓他付出慘重的代價，讓他在面對挑戰的時候缺乏應變能力，也很容易就放棄。

實際上，卡麥隆非常有運動天分。他的腳程非常快，而且手眼協調能力好的不得了。有時候，他也能察覺到自己有這些技巧。但是他的覺知能力不是很強，因爲那不是在原生家庭裡、而是在外面偶然得知的。之前當他以特定的技巧進球時，卡麥隆曾經看見教練的眼睛爲之一亮。朋友也告訴他，他們很羨慕他可以移動得那麼快。他的父母也經常在他出賽的時候去看他踢球，但總是給他空泛的讚美（即使他那天踢得並不好）。然而，他們錯失了眞正重要的事——對於他的足球熱情，或是他身爲運動員、或學生、或身而爲人的優缺點，他們都不曾給過卡麥隆具體的意見。

在卡麥隆的足球生涯當中，舉例來說，他的父母從來沒發現卡麥隆對於自己的傳球技巧不太滿意，也沒有注意他整個夏天都在琢磨這個技巧。他們從來沒有對阿卡說過：「你眞的對球隊盡心盡力，而且那麼努力地想要進步，這眞的是很棒的一件事。」他們不知道他的手眼協調能力和快速的腳程，是他成爲運動員的一大助力。

因爲不瞭解自己的本質和擅長的地方，卡麥隆只能自己看著辦。他其實不太知道自己的運動技巧如何、優點和缺點爲何，所以當事情的進展不如預期，他就不知道該怎麼堅持下去。因爲他的父母沒有給他確切、實際、不帶批判而又一針見血的意見，使得他在面對生活的各個面向時，沒有辦法知道自己該怎麼做才好。

想像一下，如果卡麥隆知道自己在速度和手眼協調度上的特殊天分，而且由於父母試著讓他看見這一點，所以他能夠完完全全地在這兩種能力上稱霸。想像一下，如果他明白自己的熱情、動機、個人特質、以及所面對的挑戰。想想看，如果他發現自己苦練了一整個夏天的傳球技巧，但是仍然比不上對手，他就會知道：「我一直都知道傳球是我的弱點，我得繼續練習，還要用我速度上的優勢來彌補這一點。」

這就是每個父母都希望孩子能夠擁有的應變能力。這樣的應變能力只能來自清晰而正確的自我認識。這樣的自我認識只能來自眞正注視著孩子，並且用愛爲孩子提供自己的意見和觀察的父母。

檢視為人父母的職責：要知道，父母不可能知道關於孩子的每一個細節，而且我並沒有說如果不這樣做，孩子就一定會有「童年情感忽視」。卡麥隆的問題，並不完全是因爲父母沒有發現他在運動上的優缺點這樣的過錯所造成。他的父母——奧斯卡和奧莉薇——也都是被疏忽自己的父母所養大，他們也不瞭解自己的本性。和自己的童年相較，他們想要給卡麥隆和辛蒂更多的注意力，但是他們沒有辦法爲孩子提供豐富、多層次、以及全面性的觀察，因爲只有在情感上與孩子連結的父母才能做到這一點。

他們沒辦法給孩子自己所沒有的東西，而這不是他們的錯。

5.罪惡感與羞恥感

【瑪莎，六歲】

瑪莎和她的兩個好朋友賽門和拉拉，在她們家客廳一起玩。她們拿著一支大塑膠球棒和一顆威浮球，輪流玩打擊和接球遊戲。賽門和拉拉玩得很認真，邊玩邊記錄得分。但是瑪莎覺得這個遊戲很無聊，開始想要搗亂。

「換你丟給我了，」賽門對瑪莎說，「這次要瞄準右邊喔。」瑪莎拿起球，把球往自己的背後高高地拋出去，然後用一種犯傻的語氣說：「是的，賽門說什麼都好。」接著就倒在地上哈哈大笑。賽門和拉拉互看了一眼，有些困擾。拉拉說：「拜託，瑪莎，好好玩，我們要把這一局玩完！」

瑪莎知道她的朋友不開心了，所以把球撿起來，盡力好好地把球丟出去。可惜的是，這次她真的不是故意的，球往左邊偏，離本壘還差了一步的距離。「好了，夠了，你不要玩了。」賽門說。他撿起威浮球，告訴瑪莎他和拉拉要自己把這個遊戲玩完。瑪莎站在一邊，看著兩個朋友自己玩，這時，一股情緒從她的腹部升到胸部，越來越強烈。在自己的家裡被最好的朋友拒絕和冷落，讓她覺得很生氣。最後，她悄悄地走近拉拉，搶過拉拉手裡的球棒，接著就往外走。

梅兒在花園裡忙著，突然聽見大聲的抗議和吵鬧，她立刻就朝著客廳走去。她看見自己的女兒拿著球棒，兩個朋友正在大聲抗議。梅兒心想：「又來了！瑪莎什麼時候才會懂事呢？」梅兒把球棒從瑪莎手裡拿走，還給拉拉，接著把瑪莎拉到隔壁房間，關起房門。「瑪莎，這樣做是不行的。你在這裡好好坐著，直到你冷靜下來為止。」留下指示之後，她就離開房間，把門關上。

瑪莎在悲慘中坐著，喉嚨感到一陣哽咽。她有好多感覺：憤怒、挫折、受傷、不公平，這些感受之外還有一層厚厚的羞愧感。「我到底有什麼毛病？」她絕望地對著空蕩蕩的房間發問，絞盡腦汁，想透過她六歲的腦袋瓜找出答案。

在這個情況裡，你可以看到年幼的瑪莎經歷了複雜而且多變的情緒。有各種不同層次的感受涉入其中，非常值得我們瞭解。瑪莎對於朋友不公平的待遇和冷落感到痛苦，更嚴重的是，連母親也不瞭解她，顯然和她的朋友們站在同一邊。她覺得自己變成眾矢之的，大家都對她不好。

瑪莎在這裡感受到的種種情緒之中，有一個是最重要的。瑪莎的母親對此事的反應，是因爲瑪莎之前種種情緒化的反應。大家都知道瑪莎的情緒反應很大，她的母親和其他大人都認爲那是「發脾氣」或是「爆炸」。她知道父母不希望她那樣，她自己也是，但是她不知道該怎麼做。

瑪莎身邊的大人從來沒有跟她談過她所擁有的這些複雜感受。相反地，他們在面對她的情緒時，經常是以生氣、挫折、或是幫她貼標籤作爲回應。沒有人因爲她的感受而羞辱她，但是也沒有人肯定那些感受有其價值。瑪莎不知道要怎麼瞭解、承受或表達她的感覺或情緒需求。

這就是爲什麼瑪莎在這一刻所感覺到的諸多情緒背後，潛藏著一股強烈的罪惡感和羞恥感。她哭的時候覺得很有罪惡感，又因爲自己有這些感覺而覺得丟臉。她小小的腦袋瓜正在進行強力、具有破壞力的聯想，不過沒人知道，也不會有人希望如此。她的腦袋正在把情緒和罪惡感、羞恥感連結在一起，從此之後，這兩者在她的腦袋裡再也分不開。此後每當情緒升起，她就會自動地覺得丟臉。這樣的感受對她而言實在太不舒服，加上她又缺乏表達情緒的字彙和技術，所以她就自然而然地把情緒往下壓、往外推，這麼一來，父母就不會覺得她麻煩，她自己也才不會覺得丟臉。

這是「童年情感忽視」的自然進程。六歲的瑪莎擁有愛她、關心她的父母，但是她的母親沒有機會認識情緒，這讓瑪莎步入了她此生的「童年情感忽視」旅程。

6.針對自己的憤怒與自責

【麥可，十一歲】

麥可現在十一歲，是梅兒和馬歇爾的長子，也是對瑪莎關懷備至的哥哥。麥可的天性和他的妹妹相當不一樣，他是個沉穩、安靜的孩子。每次只要瑪莎變得情緒化，麥可就知道自己越安靜越好，走遠一點，讓父母可以去照顧瑪莎。

這天，麥可的父母告訴他和妹妹，他們有件重要的事要對兄妹倆說。「孩子們，到廚房來，我們有件事要告訴你們。」他們說。麥可只好把足球放在門廊，跟著妹妹到廚房去。

「我們要告訴你們一件事情，你們可能會覺得很失望。」他的父親說。在和梅兒使了眼色之後，馬歇爾說：「下個月學校放假，我們可能沒辦法到佛羅里達的超級水上樂園去了。」馬歇爾想要接著說明原因，但是瑪莎的反應太大，讓他無法說下去。

「不！！！」她大聲喊叫，眼淚已經從臉頰滑落。「我們一定要去！你之前說過我們要去，所以我們一定要去！」

「瑪莎，冷靜下來，讓爸爸解釋一下。」梅兒對女兒說。馬歇爾走向瑪莎，把手放在瑪莎的肩膀上，試著安撫她。「孩子們，我很抱歉，」馬歇爾說：「但是學校放假那一週我都要工作。我已經試過把工作推掉，但是沒有辦法。我答應你們，寒假或是明年春天一定帶你們去。」馬歇爾好不容易把話講完，瑪莎知道再怎麼做也沒有辦法改變事實，便開始大哭，然後跑出門。馬歇爾見狀追了上去。

現在，梅兒的注意力轉移到麥可身上——他安靜地坐著，看起來有點悲傷。「謝天謝地，你這麼冷靜，麥可。如果你也像妹妹一樣容易難過，我們就真的不知道要怎麼辦才好了。」麥可把這樣的話當成某種讚美，盡自己最大的力量擺出一個表情，向他的母親表示他很好，然後說：「現在我可以回去玩了嗎？」「當然，親愛的。」梅兒說，幫麥可把門打開，在他走出去的時候還摸摸他的頭。當麥可帶著足球到街上去找朋友，他覺得有點緊繃。極度的不滿和憤怒開始翻騰、溢出，彷彿就要火山爆發。但是麥可不知道自己為什麼會有這樣的感覺，或是要拿這樣的感覺怎麼辦。從本來要去朋友家的路上離開，他開始漫無目的地繞來繞去，一邊把球拋到空中，一邊試著想辦法控制自己的情緒。

不過事情並沒有如願，淚水從他的眼裡、從他的雙頰滑落。「沒有一件事順我的意，」他心裡想：「我一定是受了什麼詛咒。我很有可能永遠、永遠、永遠都去不了那個水上樂園了。」

如你所見，在這個時刻，麥可那對沒有什麼惡意、愛孩子的父母，卻辜負了他的感受。雖然這並不是他們的錯，只是他們被瑪莎更爲強烈、更爲明顯的情緒給抓住了，以致忽略了麥可的感受。這樣的經驗會讓麥可變得更堅強嗎？或許，就某方面來說會。他正學著在必要的時候控制自己的情緒，讓他看起來無動於衷和「冷靜」。但是他也學會有毒的情緒處理機制，隨著時間過去，這種作法只會爲他帶來傷害。他正學著把憤怒轉向自己，而不是對著適當的目標（在這個例子中，是他的父親以及父親的老闆）。他把這件令人失望的事當成是對自己的失望，還有把它當成是自己的厄運，而不是把它當成一種由於外力使然、出乎意料、無法控制的成人情境，事實上和他一點關係也沒有。

麥可正學著把事情都怪到自己頭上。

7. 極力想隱藏眞實情感

【辛蒂，二十六歲】

辛蒂在珠寶店正忙著幫空貨架補上新貨，這時她的老闆瑪麗從背後靠近她，突如其來地對她說：「辛蒂，下個星期二我們一起去參加一個會議。」

「哦……好……沒問題。」辛蒂有點結巴，對於老闆找她，她感到有點受寵若驚，她覺得這是一個好兆頭，老闆可能是要提拔她為店裡的日間經理。同時，她的腦子有些忙著過濾、處理這樣的新訊息。在內心深處，她對於這件事感到強烈的不安。要形容這種不安的感覺，最好的字眼或許是「焦慮」。

不幸的是，辛蒂對於這樣的感覺渾然不知，但是她的大腦認為這的確是一件好事，所以她把注意力都放在事情的光明面，接下來幾天都在為這次的談話作準備，想要表現出自己對這份工作的熱忱。

到了星期二，辛蒂做好開會的準備，去找老闆見面。她再度感到深深的不安（焦慮），但是她強迫自己穿越偌大的玻璃門，像是在行軍一樣。門後面有一大群人，她四處張望想看看老闆在哪兒，但是沒有找到她。「我先排隊登記進去好了，她可能待會兒就來了。」她這麼想。同時，她看看四周，看見人們愉快地談話，同時走進了一大群人之中。這讓她覺得相當彆扭，並且感到非常孤獨。

因為焦慮已經淹到胸口，她更是急著要找到她的老闆瑪麗，然而還是不見人影。辛蒂最後通過了登記櫃檯，走到觀眾席參加第一場發表會，坐下來，旁邊的座位空無一人。她坐著等待瑪麗出現，卻無法忽視身邊空蕩蕩的座位，覺得自己非常顯眼，完全孤立在人群之中。

任何年輕人都可能會覺得第一次的專業會議很可怕，也可能會對這件事產生一些自然和健康的焦慮。不過在這個故事中，我們看到辛蒂有著「童年情感忽視」典型的「致命缺陷」。我們知道，辛蒂會壓抑情緒，因爲在她的原生家庭裡，她慈愛的父母對於情緒沒有那麼認同。由於辛蒂不太瞭解自己的感受，讓她不幸地無法在這樣的場合調節她自己的感受。

當你把自己的情緒推開，你便無法以一種具有活力的溫暖和同感與人交流。當你看著周圍，就像辛蒂現在一樣，你會覺得每個人似乎都有一種難以名之的特質或能力，而你不知道爲什麼自己沒有。其他人的生命似乎充滿了鮮豔的色彩，相較之下，你則是活在一個彷彿只有黑色和白色的世界裡。

這就是爲什麼辛蒂在這個陌生的職業社交場合中感到那麼彆扭。她用了很大的力氣希望自己可以表現出某種特定的樣子，卻不知道其實她只要把自己眞實的一面展現出來就可以了。

在內心深處，辛蒂覺得自己少了某個其他人都有的重要之物。她覺得自己跟別人不一樣，不管她走到哪兒，都覺得自己是個局外人。她不知道她成了自己「致命缺陷」的受害者。

8. 缺乏自我紀律

【麥可，十一歲】

麥可慢慢地、懶懶地和兩個鄰居朋友一起走回家，他一路上都在想回家以後要做的數學作業。他們一行人先抵達麥可家，他的朋友貝瑞說：「我們到你家後院踢球吧。」

「好耶，你去拿球，我們去後院等你。」麥可的另一個朋友瑞克一邊說，一邊往房子後頭走去。

「等等啊，還不行！」麥可把他們叫住。「我要先寫一下數學功課，還要做一點家事。你們晚點再來找我，好不好？」他的朋友們覺得很掃興，但還是轉身朝著不同的方向，回自己家去了。

我知道你在想什麼。「哇，麥可眞是個負責任的年輕人！」你說對了，有哪個十一歲的男孩會放過和朋友玩樂的機會，打算先寫功課和做家事呢？答案是：就麥可一個，而那是由於他成長在「童年情感忽視」的家庭裡。

我們已經知道麥可是個沉穩、合作的孩子，他試著不要向父母索求太多的支持或關愛，這樣，他們就有餘裕可以照顧情感需求比較高的妹妹瑪莎。之前，我們說過麥可試著在家裡保持低調，而且他知道自己表現出沒有需求的樣子可以討好母親。麥可並沒有發現自己行爲背後的驅力是「不需要任何東西的需要」。他的父母無意造成這種結果，但是在麥可深層的無意識中，他已經學會：如果自己想要父母愛他、接受他、把他當成一個特別的孩子，他就不能給父母製造任何問題。

所以，麥可會事先預測母親要他做的任何事，然後趕在母親叫他去做之前就把這些事情做完。在許多方面，這個作法到目前爲止效果還不錯。但是如果他不去檢視這樣的行爲，當麥可去上大學或是成年以後，這會變成一個嚴重的問題。

不幸的是，不管麥可看起來多麼自律，他並不會從這樣的童年制約中學到自律。相反地，他學到的是如何成爲一個沒有需求的人。在他的內心，他爲自己發展出了一種內在父母聲音，讓他可以躲避外在世界的侵擾。他的內在聲音提醒他要寫功課或是整理房間，而且就像多數孩子一樣，麥可的內在紀律之聲在犯錯的時候會變得特別嚴厲。

不幸的是，當麥可年紀漸長，離開他的原生家庭後，他趕在母親要求之前把一切事情做好的需求便不再能爲他提供動力。身爲成人，他必須把兒時創造出來的嚴厲聲音拿出來用，而且在遇到不想做的事情時、或是在做一些不該做的事情時，這個聲音將很難爲他提供有效的幫助。

成年以後，當麥可必須強迫自己做一些無聊、困難或是枯燥的事情時，他嚴厲的兒時聲音就會介入來催促他，並且在他有困難或是失敗的時候斥責他或羞辱他。有時候爲了避免羞愧感，他可能根本就不去嘗試任何事情，讓自己一了百了地逃避困境。

在童年時期，從來沒有人以一種堅定、然而充滿關愛與同情的方式給麥可外在的紀律要求。他的父母在他犯錯和失敗的時候，並沒有和他就這些事情聊一聊，所以他不知道什麼是「慈悲的問責」，也無法將這變成他內建的一部分。所以當麥可長大，他便不會擁有這樣的內在之聲。

麥可有很高的機率在成年之後對於自己缺乏自我紀律感到掙扎，特別是他對於自己沒有的東西不會有任何記憶。當他回顧童年，只會記得對他充滿關心與愛心的家庭。更有可能的是，他會把自己當成所有問題的來源。他會想：「我是不是很軟弱？」或者「我到底是哪裡有毛病？」

9. 無力滋養自己和別人

「辛蒂，二十六歲」

辛蒂覺得胸口有股沉重的壓力，她開車前往醫院，她的父親剛動完刀，馬上就要從手術房出來了。她的母親希望她可以在三點左右到醫院，聽醫生說明手術的狀況。今天最重要的一件事，就是這次手術是否能夠剷除所有的癌細胞，或者是癌症有沒有轉移到其他地方。這個答案對於她的父親或是她們一家人的未來，都有著相當重大的影響。

把車子開進醫院的停車場，辛蒂開始顫抖。淚水從臉頰滑落，她開始止不住地大聲啜泣。她抓了幾張面紙，想要把痛苦和恐懼擦掉。有好幾分鐘的時間，她動也動不了，只能坐在車子裡，想辦法讓自己振作起來。好一陣子之後，她知道自己已經遲到了，這才終於可以拿起包包、快步走進醫院大樓。

當辛蒂看見母親坐在醫院大廳的另一邊，她朝著她快步走去，一邊試著要抹去自己臉上焦慮的痕跡。「媽，對不起，我遲到了，我剛剛有事情耽擱了……」她結結巴巴地想要找個藉口。

「辛蒂，沒關係。你爸出來了，醫生說他應該不會有事。他們把情況控制住了。」辛蒂想要碰觸母親，但是頓了一下，她需要好好哭一場，和母親擁抱一下。然而她和母親保持著一臂之遙，她有些僵硬地說：「哦，天啊，那真是太棒了。我好高興。」

奧莉薇率先打破這樣的彆扭狀況，朝著女兒走去，給她一個擁抱，說道：「瞧，我告訴過你的，不會有什麼事。」

在這個故事中，我們見識到「童年情感忽視」建構的內在障礙，是怎樣把我們和自己的情緒分開、也把我們和我們最在意的人分開。當你無法安住於自己的感受，你也就沒辦法放心地把這些感受攤開給其他人看。

當辛蒂開車到醫院的時候，她對於自己的情緒沒有足夠的覺知，她沒有接納這些情緒或是處理這些情緒。相反地，她把這些情緒擊退，不想讓母親看見，還編了一個故事來解釋自己爲何遲到。

在這個令人害怕、充滿內在情緒張力的情況下，辛蒂沒有辦法和自己的母親分享自己的感覺，奧莉薇也沒有辦法和她的女兒分享自己的情緒。她們各自和自己的情緒世界保持距離，所以，她們也無法接近彼此的情緒世界。這個家庭裡彷彿有一本看不見、沒人知道的家規，上面寫著：

不要談論任何重要的事。
不要讓任何人知道你有什麼感受。
不計任何代價，隨時控管自己的情緒。

即便在這個讓人害怕的情境當中，辛蒂和奧莉薇也拋不開這套家規。不管發生了什麼事，這套家規都在那裡主宰著她們、阻礙著她們。

10. 述情障礙：無法覺察情緒或瞭解情緒

在成長的過程中，如果受到情感忽視，最嚴重、影響最深遠的後果莫過於述情障礙了。如果你的情感沒有在童年時期獲得足夠的抒發，成年之後你便會把情緒棄置一旁。在你的生命逐漸發展的大部分時間當中，你都沒有機會去認識情緒的運作。這個情緒和那個情緒有什麼差別？你要怎麼面對某個情緒？你的情緒如何影響你的抉擇？人們的情緒又如何影響他們的行爲舉止？

對於「童年情感忽視」個案來說，這種缺乏瞭解的後果，就生活的各個方面來看，就像是斷手斷腳那麼嚴重的失能。因爲這樣，當我們研究書中四位可愛孩子的生命時，我們就知道「童年情感忽視」對他們造成了什麼影響。讓我們回到前面討論過的場景，但是這次讓我們把注意力放在與他們糾纏不清的「述情障礙」上。

【辛蒂，二十六歲】

當辛蒂在父親手術期間開車到醫院去的時候，她因為自己突如其來的情緒而嚇了一跳，差點招架不住。當然，在某些非常時期，這樣的事情可能會發生在每個人身上。不過，它之所以發生在辛蒂身上，是因為她從來沒有想過這件事對她來說是那麼大的挑戰。因為辛蒂不太瞭解情緒的運作方式，不知道這件事究竟是痛苦還是困難，所以她不太能事先做好萬全的準備來面對。

受到情感忽視的個案，有時候就像是自動機器人一樣地過著人生。如果有人要辛蒂到某個地方，她就會到那裡去。有人希望她做什麼事，她就會去做。她很樂意完成這些要求，因為她是一個善良體貼的人。不過當她有困難的時候，她並沒辦法完全瞭解自己情緒的各個面向、細微差異、以及需求。舉例來說，開車到醫院的路上，她並不瞭解母親深切的需要——希望醫生出來宣布手術結果時，可以有她作伴。因為她不瞭解自己的需求，所以當她在醫院面對恐懼、焦慮、或是大大鬆了一口氣的時候，一點心理準備也沒有。辛蒂受制於自己的感受，使得她這輩子注定沒辦法瞭解自己和別人。

【卡麥隆，十七歲】

還記得卡麥隆在化學考試的時候變得焦慮而忘了考試時間，還有在回家的時候忍住淚水嗎？還記得他在考試之後躲開朋友，想要快點自己回家嗎？

不幸的是，這些事情之所以會發生、或是變得更糟，都是因為卡麥隆的述情障礙。如果卡麥隆對自己的感覺和傾向有更多的覺知，他可能會知道自己在困難的化學考試時會感到焦慮，或許就能預作準備來面對這樣的挑戰。考試過後，卡麥隆自己一個人趕忙回家，因為他不知道還有什麼更好的方法可以面對這樣糟糕的考試狀況（以及由此產生的焦慮和失望），比如跟朋友在一起、或是和他們聊聊自己的狀況。

卡麥隆不知道和別人分享困擾自己的事或是難過的感受有什麼價值，所以他把情緒藏起來，只要情緒上來，他就開始壓抑自己。卡麥隆沒有機會學到如何預期自己可能會有的感受、讓自己為困難的情況做好準備、或是以一種健康的方式來處理情緒。所以和他周圍的人相比，他處於劣勢。這也是為什麼他淪為自己內心的奴隸。

【麥可，十一歲】

當父母取消了水上樂園假期，我們看見沉穩、安靜的麥可內心的反應，其實就像其他健康的孩子一樣。不過，因為他覺得把這些感覺藏起來是自己的責任，以致他沒有辦法學著去為這些情緒命名、把它們表達出來、認識它們、或者運用它們。

即使是現在，雖然麥可還只是個孩子，但缺乏情緒教育已經對他造成不良後果。缺乏讓健康的情緒發洩的管道，使得麥可經常搞不清楚自己的生活究竟是怎麼了。有時候，當他看著別的小孩和自己的手足或是父母互動，他覺得自己完全無法瞭解。有時候，當他的父親——比較能夠與人在情感上連結的馬歇爾——要出差時，他會逃避跟父親說再見，只因害怕自己會失控地哭泣。關於這件事，他也不瞭解。

因為麥可的父親能夠感受情感（你可能還記得他沒有「童年情感忽視」的困擾），麥可在生活中多多少少還是接受了一些情緒教育。不過對於母親和父親對他所表現的不同反應，他感到相當困惑。

當然，我們不能期待一個十一歲的孩子對於情緒有多高深的瞭解。不過和其他同齡且受過情感教育的孩子相較，麥可對於情緒的確是比較困惑的。如果這個狀況持續下去，麥可長大後就會像辛蒂和卡麥隆一樣，必須面對自己的掙扎。他會生活在一個充滿疑惑的世界，不瞭解自己與他人的情緒，因為自己與他人的情緒而感到一頭霧水。他將會與述情障礙共度此生。

【瑪莎，六歲】

我們已經讀過，年幼的瑪莎開始明白自己的情緒對大人而言太過分了。當然，我們知道這不是事實。不幸的是，除了這個錯誤的想法，關於情緒，瑪莎沒有學到什麼東西。

身為一個聰明的孩子，在成長的過程中，她將會學著撫平自己強烈的情緒。關於情緒如何運作，她將會搞清楚其中一、兩個重點。她在學校能把自己的情緒控管得很好，還有當父親在身邊時也表現得很好，從這兩點，我們就能夠看出她在情緒上的進展。

瑪莎會從父親的情感回應中獲益。像她的哥哥麥可一樣，就算他們家一直都是這個樣子，在成長的過程中，她也不會完全不瞭解情緒，或是對情緒毫無覺察能力。然而不幸的是，和其他孩子比起來，就情緒來說，她還是有很多障礙要跨越。

當瑪莎長大以後，一旦強烈的情緒升起，不管那是來自她自己或是其他人，都會讓她感到恐懼或是非常不安。她很可能會將逃避當成主要的處理方法，她可能無法瞭解自己的行為，對於別人的舉動也會感到不解。總的來說，不管瑪莎有多聰明，在這個世界上她將會吃虧，而這全都是因為她的述情障礙。

改變即將發生

我們已經談論過遭受「童年情感忽視」的成人、父母和孩子會遇到的困難。我希望你在閱讀的時候能夠對這些可愛的人感同身受，並且明白你並不孤單。我也希望你在讀完前面這兩章的時候能夠看見許多希望。

對於馬歐爾和梅兒、奧斯卡和奧莉薇、辛蒂、卡麥隆、麥可和瑪莎來說，他們仍然有許多希望。確實，如果你繼續讀下去，你就會發現這兩個家庭做了勇敢的抉擇，踏上一條更爲健康、充滿豐富的情緒、以及彼此在情感上相互連結的康莊大道。你會知道他們究竟是怎麼做到的，你也會知道——你也做得到。

如果你渾然不覺地帶著「童年情感忽視」過活，它就像是一張溼毯子，覆蓋在你的生活之上。但是如果你能看見它、把它說出來，它就能引領你過一種有連結、有意義、圓滿的生活。為人父母者可以療癒自己，同時以一種新的方式來幫助自己的孩子。

繼續讀下去，因為這是所有「童年情感忽視」的人們即將要做的事。

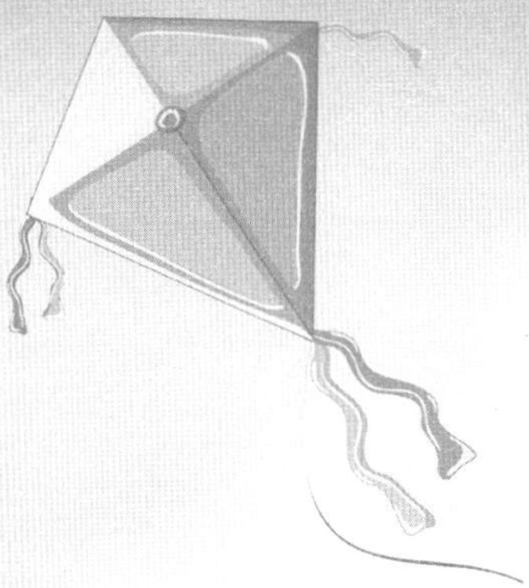

13

改變你的教養風格

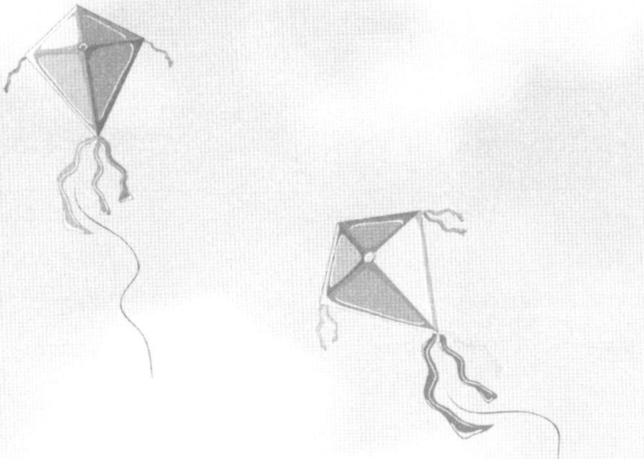

「人類的嬰兒，生來就具備父母情緒偵測器。不管你的孩子現在幾歲，他們對你的感受、需要、選擇和行動都特別敏感。」

在這一章，我們會涵蓋許多重要的訊息，讓你知道該如何為自己與孩子的關係增添色彩或是進行修復。不管你的孩子是年幼、是青少年、或是已經成家立業，我希望你知道，修復與孩子的關係永遠都不嫌晚。現在就開始製造正面的轉變，讓你們的連結變得更健康、更圓滿、更深入，一切仍為時未晚。就像我在這本書中一再提到的，你可以療癒自己的「童年情感忽視」。現在我們要來談談，你能夠做些什麼來幫助孩子踏上他們的療癒之路。

身為父母，你所能做最重要的一件事就是，認清你自己的情緒盲點，並且著手進行修復。事實上，要想改變孩子的生活，這是你所能做的事情之中，最具意義的一件事。如果你能夠看見自己、認識自己、回應自己的需求、並且從他人那裡接受情感上的援助，你就能夠看見你的孩子、認識孩子的本質、回應她的需求，並且為她提供情感上的後援。

人類的嬰兒，生來就具備父母情緒偵測器。不管你的孩子現在幾歲，他們對你的感受、需要、選擇和行動都特別敏感。想像你的兒子或女兒現在五歲、十二歲、十六歲或四十七歲。想像他看著你以一種不像你的方式表現，他看見你表達了自己的某些需要或是想望、要求他人的幫助並且接受幫助、自信或是理直氣壯地表現出自己的感受。由於孩子的大腦運作在本質上和你類似，他在某個程度上會受到你的影響。即便他並非有意識地注意這些變化，他還是會吸收這樣的改變，而這樣的改變會對他產生潛移默化（或是更顯著）的轉變。

今天，不管你的孩子幾歲，你都可以從三個重要的方面來改變你和孩子的互動，這會為你帶來強烈的療癒效果。要在這件事情上獲得最大的成效，當然，繼續療癒你自己的「童年情感忽視」是很有幫助的，不過你立刻就能著手來促成這三個重要的改變。之後，我們會再討論執行的細節，以你孩子的年齡為根據，強化你和孩子的親子關係。接著，我們會在下一章討論你是不是要和孩子就「童年情感忽視」聊一聊，以及如果要聊的話，要怎麼聊。

不論孩子幾歲，立即可做的三個改變

1. 聽孩子分享他的事，也跟孩子分享你的事

身為父母，我們瞭解自己的孩子，他們也瞭解我們。不過隨著時間過去，我們和孩子的關係自然而然地變得公式化，我們變得更加仰賴對彼此的瞭解、而不是仰賴溝通。我們很容易就順著這樣的模式走下去——大多是基於需要才和對方互動。這不必然是一件壞事，然而這樣的作法絕對無法避免或者療癒「童年情感忽視」。想想看，你有多常和孩子聊天？你們每次講多少話？我並不是在鼓勵你們沒話找話講，或是用沒有意義的對話讓孩子覺得無聊，而是要你們立下決心，

在各個層面和孩子創造更多的交流。和孩子分享更多關於你自己的事——你對事情有什麼看法，你在乎的事情有哪些。更常問問孩子關於他們的事——她對事情有什麼看法，她在乎的事情有哪些。刻意地、謹慎地增加你們聊天的字數，這也會讓你們對彼此更加瞭解。還有，當你和孩子聊天的時候，你就自然而然地傳達了一個訊息：她對你而言很重要。

2. 深入探索孩子的生活

關於這一點，我的意思是多關心孩子的生活中發生了什麼事，或是腦子裡在想些什麼。她現在有什麼煩惱、在想些什麼、有沒有什麼開心的事、最近過得順不順利？與其心不在焉地問：「你今天在學校（或工作）好不好？」然後讓孩子給你一個泛泛的回答，像是「好啊」，倒不如問些具體的問題。問問她今天做了什麼事，要她說一件今天發生的事給你聽，問問她之前你們聊過的某件事有沒有什麼新的進展。舉例來說：「你和之前吵架的那個朋友，現在怎麼樣啦？」如果你的孩子正值青春期，或是你們的關係尚待修復，那麼你的問題很有可能被打回票，沒關係的。要記得，如果孩子給你有意義的回應，那是一種額外的禮物，不過就在你和孩子多聊天的時候，就在你問孩子問題的時候，你會讓她知道：「你對我來說很重要。我想知道關於你的事。」完成這件事本身就值得了。

3. 使用更多和情緒有關的詞彙

在這個項目裡，我們試著全面地增進孩子的情緒覺察力——除了對自己的情緒覺察力、還有對別人的情緒覺察力。使用更多和情緒相關的字眼，可以增加孩子的情感詞彙（如果你可以的話，使用各式各樣的字詞來描述情緒會很有幫助）。想想看，以下兩種表達方式有何不同：「哇，你一定覺得累了。」以及，「哇，你一定覺得快要不行了，精力都用完了吧。」或者想像一下，與其說：「不知道能不能及時拿到護照，我覺得很煩惱。」倒不如說：「不知道能不能及時拿到護照，我覺得好焦慮、好無助。」這兩個例子的第二個例句都顯示你對自己的情緒和孩子的內在狀況有所覺察，雖然只有細微的差異，但仍是比較有意義的。使用更多感覺的詞彙，也會讓你們在談論感覺的時候比較自然、沒有顧忌。告訴孩子，你很在乎她的感受，同時你也看重自己的感受，所以你希望和她在這方面有更多充滿意義的交流（也和她享有更有意義的親子關係）。

若孩子還小，如何預防童年情感忽視

雖然上述三個一般性的指導原則適用於所有年齡層的孩子，我們還是必須把孩子的發展階段納入考量，想想看要以哪些特定的方式與他們互動。首先，我們會談談尚未進入青春期的孩子，接著是青春期的孩子／青少年，最後是已經成年的孩子。就算你的孩子年紀較長，我還是建議你讀一讀給年輕孩子的建議，因為有些建議對於年紀較長的孩子一樣適用，包括成人在內。這是因為當我們談到預防和療癒「童年情感忽視」這件事的時候，許許多多的解決之道都是由同樣一個主題變化而來：肯定情緒、回應情緒。只有你知道什麼樣的作法對你的孩子最有效。

1.用適合孩子年齡的態度對待他們

當你第一次讀到這個建議，你可能會覺得有點蠢，不過我向你保證這一點也不蠢。關於教養，其中的最大挑戰就是孩子不斷在變。我看過許多父母因爲對孩子的期望太高，已超過孩子的年齡所能承受的範圍，或者是對孩子太過呵護，因而傷害了親子之間的感情。在孩子發育的過程中，當然，犯錯、調整都是很自然的。但是如果父母在這個過程中，沒有針對孩子自然的發展過程或是限制保持留意或是做出回應，孩子就會接收到這樣的訊息：「我沒有看見你，我不瞭解你。」反之亦然。不過如果你以適合孩子年齡的態度和他們交流，你就是在告訴他們：「我知道這件事對你來說不容易，沒關係的。我知道你的能力，那非常棒。」

2.觀察並且記錄孩子獨特的天性

簡單地說，就是多注意孩子。她喜歡什麼？不喜歡什麼？她會害羞嗎？外向嗎？主動嗎？還是被動？很搞笑？很嚴肅？什麼事會讓她生氣？她有什麼癖好？什麼事會讓她發火？什麼事能撫慰她？她有什麼需要？她有哪些社交上的挑戰？情緒上的挑戰？她有哪些天生的優勢和弱點？你越瞭解自己的孩子，她越會覺得這個世界上有人瞭解她。要感受到自己存在於這個世界上的意義，這種受到他人瞭解的感覺是不可或缺的。

3.把你的觀察回饋給孩子

當你運用第二個方法，你所觀察到的訊息，對你的孩子而言大多是非常寶貴、值得瞭解的訊息。確定自己以一種不帶批判、沒有評價、具有支持意味的方式和孩子分享你對他們的觀察。這個方法的目標在於告訴孩子：「我看到的你是這個樣子，當這些特色加總起來，就變成你的樣子，而那是一個很棒的模樣。」這麼做能幫助孩子以一種實際的方式認識自己，這也是自尊和抗性的基石。

4.不要逃避和孩子的衝突

你可能會覺得讓孩子沮喪或生氣是一件不好的事，不過逃避這些事情是「放縱型父母」的主要特徵。你的孩子需要你爲他設定框架和規範，這樣，他長大以後就能夠爲自己設定框架和規範。不幸的是，在建立規範的過程中，總免不了親子之間的衝突。當你和孩子產生衝突，在制訂規則和設定限制的時候要帶著堅定與愛，並且用愛來結束每一回合的衝突，讓彼此保持完整，這麼做就是在教導孩子如何帶著堅定與愛爲自己設立行事框架、限制和規範。這就是在教孩子「慈悲的問責」。

5.情緒會讓孩子的行爲更有力量

當你對孩子的「行爲」做出回應，你很有可能就忘了留意她的「感覺」。不過，在大部分的情況當中，孩子的行爲都是由感覺所驅動的。如果你考量孩子行爲背後的動機，回應她的感受，孩子就會知道你在乎她、瞭解她。她也能學到一些重要的訊息，幫助她更瞭解自己。所以當你針對孩子的行爲設定限制時，同時也要想一想（甚至直接問她，但是要顧慮到她的年齡和其所能運用的情感詞彙）她當下有什麼感覺。和「不准這麼做」比起來，問孩子「你爲什麼要這麼做？」通常會比較有成效。在此提供一個不錯的經驗法則：先回應孩子的情緒，再來才是針對孩子的行爲做出回應。

6. 盡一切努力對孩子感同身受

這便是移情作用，是你和孩子之間的無價之寶。每當你站在孩子的立場想，對他感同身受，你便是與他以最深層、最有意義的方式交流和連結。「我能感覺你的感覺」是眞愛的語言。眞正的感同身受不受批判的束縛和阻礙，這和贊成孩子的感受、爲孩子的感受背書、或是評估孩子的感受一點關係也沒有；孩子的感受不受這些規則的限制。你可能會限制孩子的行爲，但你還是得盡你所能去感受他的感覺。這會教導孩子：他的感覺眞實且重要，然而他還是必須爲自己的行爲負責。

7. 鼓勵孩子提出他的需要和渴求，表達他的喜好和願望

重要提醒：這不代表你每次都要順著他們的意。要做到這一點，你只要簡單地問孩子：「你需要幫忙嗎？」「你想吃沙拉嗎？」「你喜歡這雙鞋子還是另外那雙？」「你最喜歡的顏色是什麼？」鼓勵你的孩子提出要求以及表達自己，他就會知道自己的願望、需要和喜好是重要的，這也能幫助他在往後的人生中能夠自在地把內心所想的表達出來。

8.和孩子分享你的感受

在你針對自己的「童年情感忽視」下工夫的時候，對於自己的感受，你會有更多的覺察。這麼做的時候，考慮看看，在孩子面前，讓這些感受更加敞開。當然，你還是得謹愼地選擇你要和孩子分享哪些情緒、還有以哪種方式分享。不過如果你偶爾讓孩子看見你的憤怒、悲傷、快樂或是受傷，他們會知道你也是凡人，知道你願意對他們展現出眞實的自己。如果你能謹愼地說明你當下的感受爲何，他們也會學到情緒的語言。記得一定要對你所分享的感受保持掌控，並且留意孩子的反應。「親愛的，我現在只是覺得有點挫折。」「沒關係的，寶貝，只是我現在覺得有點受傷。」在表達眞實的情緒時，同時要讓孩子放心、並且坦率地分享，這對孩子而言是非常有益的情感教育。至於要分享些什麼，在此提供一個有用的指導方針，問你自己這個問題：當我還是孩子的時候，我會希望父母告訴我這些事情嗎？如果你和父母不太往來、甚至已經斷絕聯繫，這個問題或許幫助不大，這也沒有關係。只要記得，我們的目標只是要去分享一些對孩子而言適當的感受，那麼就不會有問題。

9.和孩子談話時多運用表達情緒的語彙

雖然在練習這個方法的時候我們常常會做過頭，但是這沒有什麼好擔心的。整體來說，對孩子而言，你知道她目前作何感受是一件好事，因爲你幫助她用語言把她的感受界定出來；你也知道你自己現在作何感受，因爲你對她說明了這一點。把孩子的注意力引導到生命更深的層次當中，她就有能力去享受自己的青春期和成年時期。這是建構情緒智商的基石。根據研究，情緒智商對於生活的滿意度和成功都扮演著相當重要的角色（Urquijo, I., Extremera, N. and Villa, A., 2016）。

10. 不要期待年幼的孩子能夠使用表達情緒的語彙

大部分的孩子都不會使用情緒詞彙，沒有關係的。不過你越常分享你自己的感覺、把感覺化爲文字，你的孩子在成長的過程中也會慢慢學著這麼做。你說話，孩子就會學著說話；你分享，孩子也會學著分享。以一種健康、想要和對方連結的方式分享你的感受，孩子也會學著這麼做。

11. 遵守教養三步驟

首先，你覺得自己在情感上與孩子相連。其次，把注意力放在孩子身上，要知道他是一個獨立的個體，可能和你很不一樣。第三，運用你們在情感上的連結，多留意孩子的狀況，你就能對孩子的情感需求做出充分的回應。

適用於青春期子女的教養策略

有句義大利諺語說：「年幼的孩子讓你頭痛，年長的孩子讓你心痛。」如果你的孩子正值青春期，我想你對這句話一定有很深的體會。孩子與父母的分離就是從青春期開始的，而且通常是在你完全沒有想到的時候就發生了。在這個複雜、有時候相當痛苦的時期，你如何調節自己的情緒、如何回應孩子的情緒，對彼此都有很大的影響。這段時期會爲孩子將來會成爲什麼樣的人設下基調，對於你們將來的關係也有重大的影響。

1.留意孩子的情感強度

年幼的孩子通常會有比較強烈的情緒，但是青春期的孩子有時反而會有更劇烈的感受。身爲父母，你的責任就是要讓孩子知道，「情緒」在他的生活中扮演著什麼樣的角色，還有如何面對這些情緒。

2.不要害怕青少年孩子鬧情緒

青少年常常會有情緒爆發的時候，尤其是對父母發作。重點在於，你必須明白，你家的青少年孩子或多或少只是在發洩情緒而已。如果你因爲孩子鬧情緒就覺得很受傷、開始生氣、或是失控，反而會更加強化孩子的感受。另一方面，你也要知道這樣的感覺和它的強度。當你的孩子展現出任何強烈的情緒，請試著對情緒本身做出回應，同時要注意它的強度。要記得，青少年經常會在這種時候說出一些氣話，但並不是眞的如此。比如說：「我恨你。」實際的意思是「我覺得我現在恨你」。聽到這句話，你可以說：「我知道你很難過，我懂，我眞的懂。但是規矩就是規矩，很抱歉，但我還是得這麼說。」

3.注意青春期的孩子會隱藏自己的感受

青春期孩子的情感生活，通常會因爲他經常想要隱藏自己的情緒而變得更加複雜。事實上，當一個青少年努力地想要表現出他對某件事「一點也不在乎」，那你就知道他有多在乎了。如果青少年赤裸裸地展露出自己的情緒，他們會覺得很丟臉，因爲這會讓他們覺得非常脆弱。所以當你的孩子步入青春期，你便開始要更加留意他們的感受、爲他們的情緒命名。因爲你才剛開始試著改變教養風格，所以你可以不用那麼明白地指出這些感受，但是依然要對這些感受做出回應。當你這麼做，你家的青少年孩子就會覺得有人瞭解自己、看見自己、肯定自己存在的價值。

4.感同身受地回應青春期的孩子

盡可能對你家青少年孩子的感覺感同身受，不管這些感覺有沒有道理。當你這麼做的時候，孩子都能感受得到。再說一次，同感和批判是兩回事，所以永遠不要對孩子當下的感受做出評斷。然而，還是要讓他對自己的行爲負責。

5.引導青春期的孩子找到情緒上的平衡

你要傳達給孩子這樣的訊息：他的情緒很重要，然而，情緒不能主宰一切。我們可以、也應該聆聽情緒帶來的訊息，但是我們也要調節自己的情緒。每當你有機會陪伴孩子度過某個情緒激動的時刻，請把那樣的感覺用語言描述出來，辨認它所帶來的訊息，想想看是不是要採取相應的行動，最後想辦法調節那樣的感受。這麼做，便是爲你家的青少年孩子鋪路，讓他通往情緒平衡的未來。

6.敏銳地覺察孩子的心情

面對你家的青少年，眼睛要擦亮、耳朵要盡量打開。對於大部分的青少年來說，他們有時候會對你敞開心房，有時候又會關上心門，自己想東想西。所以要盡量對他的心情保持敏銳。我的意思是，如果你家的青少年孩子處於一種說個不停、想要與人交流的狀態，那麼請放下你手邊的工作，好好把握他開門的時機。相反地，當青少年孩子想要自閉一下（除非他完全封閉自己，這種情況下你也無計可施），你就不要試著一直和他說話。通常來說，如果青少年孩子自然而然地表現出冷淡的樣子，你只要在旁邊看著就好，他會知道你依然在他身邊，而且你還是有在注意他。

7.接納孩子本來的樣子

在青春期，你的孩子會產生劇烈的改變。畢竟，他正在蛻變成大人。「童年情感忽視」有個高風險因素，那就是你可能會生出一個和你非常不像的孩子，而到了青春期之後，這種差異通常會變得更顯著。身而爲人，你難免會因爲孩子和你不同而批評她。有時候，你會因爲她的感受、她說的話、她的癖好、她的決定而感到困惑。你可能會發現自己希望她有所不同。如果是這樣的話，小心了，因爲你已經進入危險地帶。努力試試看接受孩子本來的樣子，給孩子成長的空間。青春期是一段試驗期，讓孩子練習如何成爲自己想要的樣子，所以就讓孩子這麼做吧！接納、接納、接納孩子本來的樣子。當你這麼做，你就是在肯定、肯定、肯定孩子存在的價値。

8.給青春期的孩子犯錯的空間

當你在一旁看著孩子，同時又給他空間，你就是在告訴孩子，你在乎他、你相信他。允許青少年孩子做出錯誤的選擇，並且體驗自然的、實際的後果，是一項重要的生活訓練——不過，你要在旁邊一直看著，並且在他需要的時候爲他提供協助。如果你在給孩子自由空間的時候沒有注意看著，你可能會在情感上忽視他。如果你過度地控制孩子，讓他不要犯錯，這也是一種情感忽視。

9.爲青春期孩子設定界線並且貫徹執行

有許多青少年（或許是絕大部分的青少年），都會在某個時間點想要挑戰底線。他們會故意打破你的規矩和原則，看看會發生什麼事。事實上，他們這麼做，是在爲這個世界的規矩和原則究竟有多嚴重做一個整體的評估。所以，你要很清楚你自己立下的規矩，並且讓孩子知道，如果他們打破規則，你會有什麼反應。不管你家的青少年有多討厭你的規矩，這些規矩將會成爲他們往後行事作風的一部分。

10.多認識你家青春期孩子的朋友

要想多認識孩子的朋友，千萬記得不要太有侵略性。你可以開車載他們一起上學、帶他們去吃披薩、或是邀請他們到你家玩，一邊看著他們、一邊聽他們說話。在適當的時機，隨口關心一下這些孩子：「你有兄弟姊妹嗎？」「這個暑假你想做什麼呢？」或是，「這個學年你選修哪一種外國語言？」不要緊抓著孩子的朋友不放，但是要以一種適當的方式對他們展現出你的友善和關心。就算你不是很確定孩子朋友們的爲人，寧可先接受他們，這麼做，能夠讓你的青少年孩子從自己的選擇和關係之中學習。

11. 放手，但不中斷親子之間的連結

你的青少年孩子會把你推開是正常的，這樣，他才能長成他自己想要的樣子。這個時候，你面對的是所有的父母都會遭遇的情況，一種有違你身爲父母的天性、也是最具挑戰性的任務——放手。不過你一定要特別小心，千萬不要讓你們之間的連結斷得一乾二淨。如果這種事情發生了，就很難再讓孩子回頭。請勇敢踏上那條充滿危險平衡的鋼索，給孩子空間的同時依然要注意著他，以你的愛設定合理的限制，並且接納他眞實的面貌。無論如何，千萬不要完全斷絕你們之間的關係。

適用於成年子女的相處方法

你的孩子永遠是你的孩子，不管他們的年紀多大。當孩子長大，你在回顧過去的時候難免有些悔恨，希望自己當初在某些事情上能夠採取不同的作法。當然，令人遺憾的是，我們都不能重

來一次。不過還是有件值得高興的事，就算你的育兒任務已經結束，但你和孩子的關係還沒有完呢！你們的關係會繼續下去，變成一種活生生的、持續進化的連結，它依然會隨著時間改變。你可以好好利用這一點，主動改變你和孩子之間的關係。

1.更主動地和孩子談心

如果你每天都可以見到自己的孩子，這可能意味著你們有比較多機會說話。如果你的孩子住得比較遠，那麼就用其他方式和她交流。開始打電話給她，頻率比平常稍微多一些。當你們共處的時候，多說一點話。這可能會讓你的孩子有些訝異，但是沒有關係的。這樣做的目的不是要打擾孩子，而是要讓孩子知道你很在乎她。這也能讓你的孩子有心理準備，知道某些改變就要發生了。

2.在談話中加入表達情緒的語彙

當你和成年孩子互動的時候要更有覺知，你的目標在於使用更多的情緒詞彙，讓你們可以自在地分享彼此的感受。請參閱前面和年幼孩子以及青少年有關的段落，你就會知道該怎麼做。

3.如果重來一次，你會想要怎麼對待你的孩子，就以這種方式對待你的孫兒

要做到這一點，你可以運用上述給年幼孩子和青少年的教養中條列出來的建議。不過要注意，要對孩子做些什麼的時候，一定要讓你的孩子知道。你不會希望自己的孩子覺得和他們相較

之下，你反倒比較關心孫兒的感受（很多祖父母都會犯這個糟糕的錯誤）。千萬要記得，當你這麼做的時候，也要改變你對自己成年孩子的情感回應。

4. 即便孩子成年了，還是要經常肯定他存在的價值

去留意你的孩子有什麼樣的力量、成就、以及討人喜歡的特質，永遠都不嫌晚。讓你的孩子知道你有注意到這些事情，一樣爲時未晚。就算是一個強硬的中年男子，在聽到父母說這些話的時候也會獲益：「當你……的時候，我對你刮目相看。」「你這麼……，我眞是愛你。」「我不敢相信你完成了這樣的大事，你好大方（或者你眞是個體貼的人）。」你可以使用各種方式來肯定孩子。每次你這麼做，便是在以一種眞實而又寶貴的方式讓他在情感上變得更堅強。

5. 更常和孩子分享關於你自己過去和現在的事

這個策略包含了更常與孩子交流、講更多的話、運用更多情感詞彙。告訴孩子一些你兒時的故事，如果這些故事中有「童年情感忽視」的成分，就像奧斯卡母親的例子，會更有幫助。和你的孩子分享更多你日常生活的體驗，這麼做有個特別的目的，就是對孩子變得更敞開，允許孩子對你有更深入的瞭解。當你這麼做，便是在爲孩子提供一個管道，允許孩子和你有更深刻的連結。

6.用心同理孩子的感受

再一次，就像我在前面年幼孩子和青少年段落討論過的，你對於孩子的同感必須超越價值判斷。試著去感覺孩子的感覺，不管你同意或是不同意這樣的感覺。如果你們的關係緊張，這個方法特別有幫助。當你盡可能地對孩子感同身受，他們也會感覺得到。當你做到這一點，孩子也會知道。

7.把注意力從衝突轉移到親子間的情感共鳴上

要做到這一點，你必須先把和孩子長久以來的衝突暫時擱到一邊——就算你依然無法釋懷。要記得，你的教養任務已經結束，但是你們的親子關係還沒有完結。在這段關係中，你仍然是孩子的父母，所以，交流和連結的責任就落在你身上。盡量把注意力從親子衝突的源頭轉移開來，把焦點放在連結上面（除非你們之間的關係糟到極點，這麼做會造成你和孩子之間互相傷害的行爲或是情況）。如果父母傳達出一種值得信賴的接納感，而且你們在情感上已經有連結，親子之間的衝突會比較容易獲得解決。

8.多問孩子問題，傾聽孩子的想法

要讓你的孩子知道你很關心她，多問她問題是個相當容易又有用的作法。問她一些和她的生活、工作、育兒困難相關的問題。仔細聽聽她怎麼說，如果之後事情有了新的進展，到時候再問她狀況如何。這種「垂直式提問法」對於成年的孩子來說非常有用。垂直式提問法以一種漸進的方式問問題，藉此幫助另一個人把注意力轉向自己的內在，然後去省思自己的感受。要運用垂直式提問法，你可以問這樣的問題：「對於事情那樣發展，你有什麼感覺？」「你為什麼做那件事？」「你那時候在想什麼？」以這種方式幫助你的孩子，慢慢地在對話之中把注意力放到自己內在的感受上。這也能讓你們兩人不必就一些表面事實和日常雜務，去進行一些膚淺、沒有意義的談話。

9.考慮和成年的孩子聊一聊「童年情感忽視」

要療癒你和孩子的關係，或許這是最終的一步，但是它不一定適用於每個案例。如果你覺得和孩子聊聊「童年情感忽視」會有幫助，那麼開始為這次談話作個暖身，從上述的第一個策略到第八個策略先著手，絕對是個很棒的點子。

用愛填滿你在教養中的遺憾

恭喜！讀完前面幾章，你已經消化了許多幾個月前或是幾年之前你想都不會想到的訊息，那時候你還沒看見自己的「童年情感忽視」，也不明白自己的生活中究竟缺少了什麼。我想要告訴你的是，能夠把這麼讓人緊繃而又具有挑戰性的內容讀完，說明了你是一個什麼樣的人以及什麼樣的父母：你關心自己的孩子，在乎他們的快樂和幸福，而且你願意採取行動、付出努力來為你的愛作出保證。身為父母，無論你犯了什麼錯，無論你在親子關係中錯過了什麼，就「愛」這個字的最終意義來說，你是個愛孩子的父母。

無論你的孩子是個學步兒、青少年、或是已經長大成人，藉著運用我們剛剛談過的教養策略，你便能對「童年情感忽視」造成的關係帶來重大的改變。如果你想要知道這些變化怎麼落實在眞實生活中，不要忘了讀第十五章。在那一章，你會清楚知道奧斯卡和奧莉薇、還有梅兒和馬歇爾，是怎麼將這些教養策略運用在他們的孩子身上。你也會清楚知道他們後來發生了什麼樣的轉變。

不過，首先，如果你在考慮出手和孩子談論「童年情感忽視」，讓我們用一章來討論這麼做有什麼可能的好處。還有，如果你眞的打算和孩子談這件事，我們也會討論該怎麼做才能讓這樣的溝通獲得最大的成效。

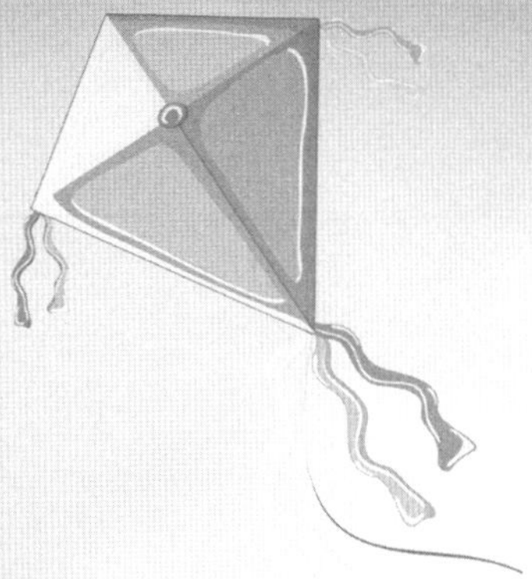

14

如何和孩子談論童年情感忽視

「只要你知道這段關係中少了什麼，並且著手處理，要修復你和孩子的關係，遠比想像的還要容易。」

如果你的孩子尚未進入青春期，那麼很顯然，你沒有和她談論「童年情感忽視」的必要。首先，這個概念可能超出她的理解範圍。其次，簡單來說，這不是一件容易的事情。你可以透過處理你自己的「童年情感忽視」問題，並且運用前面提過的策略，開始改變你的教養方式，透過這些方式讓孩子的情感變得更有力量，讓你們的關係變得更堅定。不用煩惱，你還有很多時間。如果你的孩子才十歲或是十一歲，你還是可以讀讀這一章。或許將來有一天，等你的孩子長大一點、成熟一點，你就可以把這個主題介紹給她。現在閱讀這一章可以給你一個大致的概念，到了以後，你就能夠知道什麼時候是做這件事最適合的時間點。

如果你的孩子是青少年、年輕人，或是一個完全成熟、獨立且自給自足的成年人，直接和他們談論「童年情感忽視」，可能會爲你帶來意想不到的好處。在這一章，我們會談談該怎麼做這樣的決定——直接和孩子討論「童年情感忽視」。我們會討論，如果要這麼做，你會遇到哪些可能性。當然其中也有一些壞處，我們也會把潛在的風險納入考量。

就像我們前面提過的，親子之間的「童年情感忽視」在很多情況下是可以處理、可以療癒的，有時候根本就不用直接談到「童年情感忽視」。對你而言是不是如此，端看你的孩子現在幾歲、他的氣質如何、「童年情感忽視」在他身上呈現出哪些症狀，以及你們的關係中蘊含了多少憤怒。首先，我們要來談談對孩子提起這個話題，有哪些可能的好處與壞處。

可能的好處和壞處

可能的好處

● **完成一個愛的行動**。在你談論「童年情感忽視」的時候，孩子內心的反應比他表現出來的外在反應還要重要。就算他對這個話題沒有好感（關於這點，我們會在「可能的壞處」仔細討論），在他的內心，他知道你在試著跟他溝通，由此而能感受到你的愛。就像你在本書的第二部分讀到的，所有人類的大腦都有一個設定，那就是需要父母的愛和情感上的肯定。所以不管外在發生了什麼事，當你和孩子談論「童年情感忽視」的時候，你便自動地傳遞了這樣的訊息：「我愛你」，而且「我很在乎你的感覺」。這個行動就像是給他可以促進情緒健康的維他命，這麼做永遠都不會有錯。

● **建構共同的語言**。當你對孩子說出這樣的詞彙，也就是「童年情感忽視」，並且用「肯定情感」、「情感連結」、「沒有給予足夠的回應」、以及「情感技巧」的時候，你便是在你們之間創造出一個共同的、強力的交流工具。這種共同的語言，會讓你們在療癒彼此關係的過程中變得比較輕鬆。

- **建立共識**。直接討論「童年情感忽視」可以在你和孩子之間，針對你兒子或女兒的童年哪裡出了問題，建立起一種共同的瞭解。在療癒之路上，這樣一種共識可能會爲你帶來驚人的成果。對你的孩子、對你與孩子的關係而言，實在有太多可能的好處，所以請恕我無法在這裡一一說明。當你繼續往下讀，讀完這一章以及下一章，你就會越來越能夠對這件事有深入的瞭解。
- **處理孩子對你的責怪**。不管你的孩子有沒有察覺到這些情緒，他的心裡很有可能藏著許多責怪。在他的成長過程中，至少有某一部分的情感是沒有獲得滿足的，對他來說，那都是你的錯。（當然，我們知道，你和他一樣都是在情感匱乏的狀況下成長。）藉著界定問題，並且瞭解「童年情感忽視」是一種看不見的狀況，它會自動地從這一代傳到下一代，就能夠解決「責怪」這個問題。這能爲你和孩子打開一扇門，如果沒有這麼做，這扇門可能持續保持封閉。
- **減少怒氣**。首先，我要說明，我在辦公室裡見到的「童年情感忽視」個案在提到父母的時候，通常是以一種充滿愛和感激的方式來談。但是他們經常莫名其妙地對父母發火，逃避和父母見面，也不想和父母分享比較深入的個人訊息。通常他們的憤怒非常眞實，但是藏得很深。和孩子談論「童年情感忽視」，能夠爲孩子的怒氣找到一個解釋、一個理由、一個合理的說法。沒有什麼比承認怒氣、並且爲它負起責任更能舒緩怒氣。當你和孩子討論「童年情感忽視」，你就是在這麼做。

- **創造共感關係**。我知道我不斷地提到感同身受這件事，這麼做的原因有很多。在這裡，我又提起共感，是因爲它就像是養料，能夠滋潤一切，讓作物長得更快、更好。我們希望你和孩子之間有這種共感關係。當你和孩子分享你自己的「童年情感忽視」故事，你便是透過「童年情感忽視」的角度讓她瞭解你。當她瞭解你在成長的過程中缺乏一些必要的情感滋潤和工具，就像她一樣，她就會開始以一種新的眼光看待你。我希望她能感受到你童年時的痛苦，如此一來，她將會看見、並且感覺到這些痛苦和她自己的有多麼類似。這能夠爲你們打造一種新的、深刻的、而且充滿同情的連結，這樣的連結是你們可以培養並且仰賴的。
- **提供療癒工具**。如果你的孩子對「童年情感忽視」這個概念抱持著開放的態度，他便是對一個新世界打開心房。如果你可以在這個層次上與他溝通，就可以給他更多的資訊，而不只是單純地解釋究竟哪裡出了問題。你可以要求他讀一些和「童年情感忽視」有關的文章，他就可以從中學到更多，並且開始辨認自己的盲點。他可以從《童年情感忽視：爲何我們總是渴望親密，卻又難以承受？》第三部分開始，踏上自己的療癒旅程。有什麼比看著自己的孩子導正錯誤還要更好的感覺呢？

可能的壞處

- **在情況好轉之前，可能會先惡化**。如果你的孩子對你累積了一定的怒氣，並且透過你對於「童年情感忽視」的描述而證實了這一點，這可能會讓她變得更生氣，尤其如果她是個青少年。然而，這是一個暫時的階段，如果你繼續保持覺知、關心孩子、陪伴在孩子身邊，這樣的狀況就會慢慢消失。在這個時候，你需要多一點耐心和承受力。

- **你的孩子可能會用這一點來對付你**。對青春期或已經成年的孩子來說，他們可能得花一點時間才能完全瞭解「童年情感忽視」。如果你的孩子在一開始只抓住某些片段不放，或是如果在瞭解你們關係的過程中讓憤怒介入了，他可能會暫時對你更加冷淡。對某些人來說，「情感忽視」可以被當成一種指控。再說一次，這通常只是暫時的，不過你必須在這個時候用你的力量和包容來面對。
- **可能會對你剛實行的教養風格造成傷害**。當你開始改變自己和孩子的互動方式，當你開始慢慢在與孩子的互動中變得更加溫暖、更加有連結，你的孩子不知道你爲什麼這麼做，或者根本就沒有發現你的改變，但他還是會感覺到某些事情不太一樣。如果孩子覺得你新的教養風格很自然、而且在情感上有所改變，他會對此表示珍惜。然而，如果你直接和孩子談論「童年情感忽視」，爲你突然變得溫暖的教養風格提供了理由和原因，對某些孩子來說，可能會削弱這種作法的效果。因此，不要對孩子解釋太多是有其道理的，看看你能不能先以一種自然的方式來轉化你們的關係。不用急著討論「童年情感忽視」。時機很重要，我們待會兒就會談到。

我知道你要消化、要思考的東西很多。請記得，關於「童年情感忽視」這個問題，或許沒有對錯可言，我希望你在做決定的時候，盡量結合你的直覺和理性。所有最好的決定，都是在這兩者一起運作的時候所做出來的。事實上，有個相當合理的方法，那就是先等一等，直到你覺得跟孩子開口的時機到了。

現在，讓我們來看看一系列的問題，我特別設計了這些問題來幫助你以一種比較有架構的方式思考。當你回答這些問題，它們會慢慢地幫助你找到一些答案和一些可能的作法。

利用五個問題來幫助你做決定

1. 你的孩子對於你近來在教養上的改變，有什麼反應？

爲了回答這個問題，我建議你在考慮和孩子談論「童年情感忽視」之前，先以一種對孩子的情緒更注意、更有回應的方式來教養孩子。孩子對你的改變有何反應，可以爲你提供一些訊息。

你能夠看見或感覺到孩子有任何改變嗎？他有沒有因爲這樣的暖身活動而有所準備？比如說，願意和你多聊一點、多打電話、多分享自己？如果是這樣，那麼狀況相當樂觀。如果你的改變有用，只要你的孩子繼續給你正面的回應，你就可以繼續下去，慢慢地增加或是強化這樣的作法，讓你們在情感上越來越有共鳴。

如果這個過程一切順利，就沒有必要用「童年情感忽視」來打擾現況，特別是對於成年的孩子來說。不過如果你的孩子已經成年，或是青春期快過完的孩子，只要時機恰當、方法恰當，談論「童年情感忽視」或許會爲你們帶來更多收穫。

如果孩子對於你的改變沒有什麼反應，你可能要把這件事緩一緩。或者你可能會希望利用

「童年情感忽視」這個話題來敲敲目前關閉的門。要記得，青少年正走在獨立的路上，所以想試著在孩子青春期時把他拉向你，是一個最為困難的時機。

2. 你的孩子，有沒有可能在情緒管理方面比你更優秀？

以這種方式思考一下：你的孩子成長的世界和你成長的世界已經有了相當大的不同。在今日，尤其是如此。你可以在市面上找到關於情緒、正念和心理覺察能力方面的書籍，並且就此進行討論、學習。你的孩子是否進行過任何療程、參加過任何支持團體、或是會自己去找一些勵志自助的書來讀？如果是這樣，就情緒覺察力和/或情緒智商來說，你的孩子可能比你更勝一籌。

若真是這樣的話，先不要覺得難過，反倒要開心一點！在療癒之路上，這件事對你相當有利。首先，因為你的孩子可能已經開始尋找答案，而現在你剛好可以給他一些答案。第二，因為你的孩子可能已經對這類事情有一些瞭解，也懂得一些語彙，所以當你和他談論「童年情感忽視」的時候，你會變得比較輕鬆。

一般來說，如果你的孩子熟悉心理學、或是早有自己的洞見，要談論「童年情感忽視」的機會可能早就在那裡等你了。

3. 瞭解「童年情感忽視」這個概念和分享「童年情感忽視」的語彙，有沒有幫助你的孩子和你連結？

這個問題並不是簡單的是非題，而是一個用來幫助你思考你和自己獨一無二孩子的這段關係。想像一下，如果她完全瞭解「童年情感忽視」，這會改善你們之間的關係嗎？

談論「童年情感忽視」，最大的好處就是我們在前面提過的「共感」。如果你的孩子知道你小時候是在什麼樣的情況下成長、爲什麼沒有辦法在情緒上給她更好的教養、而且你現在想要修復你們的關係，她會因此覺得你變得溫暖、更想和你親近嗎？

有些人在知道發生什麼事情以後，反而容易接受改變。如果你的孩子知道你在嘗試修復彼此的關係，而且知道爲什麼，可能會對你的努力心存感激。如果你的孩子是這樣的孩子，那麼這或許是和她談談「童年情感忽視」的一個絕佳理由。

4.你的孩子是否對你感到生氣？

我想你已經知道憤怒是一個障礙，它會讓你和孩子無法靠近彼此。有些怒氣沖沖的「童年情感忽視」孩子在看到父母突然想要和自己有更多情感上的連結時，反而會變得更生氣。他們可能會把父母的舉動看成是一種侮辱或是侵犯，就像某些個案告訴我的：「早知如此，何必當初。」

有時候，如果你的孩子非常生氣，和他們談論「童年情感忽視」可能會打破憤怒，遞上代表和平的橄欖枝，尤其是如果你能告訴孩子，你知道他因爲「童年情感忽視」受了多少苦。

不過還有另外一個一樣有效的策略，那就是讓孩子無法拒絕你，繼續和孩子保持穩定的情感連結。如果你堅持到底，拒絕就此放棄，大部分的孩子最後都會屈服，讓你們之間的連結得以繼續茁壯。

5.你的孩子，有沒有察覺到自己對你的怒氣、或是給你一些她爲何生氣的線索？

我們知道，以「童年情感忽視」爲基礎的親子關係，孩子對父母經常會有突如其來的憤怒。因爲「童年情感忽視」幾乎看不見，所以，你的孩子很可能對於自己的憤怒渾然不覺，或者他可能會因爲自己感到憤怒而覺得很糟。

不過，話雖如此，大部分青春期和成年的孩子對於自己爲何生氣，通常會透露出一些蛛絲馬跡——即使他們沒有發現自己正在生氣。這些解釋經常會突然跳出來，讓每個人都嚇一跳，包括孩子自己也是。所以我的建議是，多留意這些線索。如果可以，在憤怒發生的當下就抓住它們，並且以一種和以前不一樣的方式來回應孩子。意思就是，你可以問問她說的那些話是什麼意思，或是對她說的話表示肯定（即使你並不同意）。要讓生氣的孩子開始對「童年情感忽視」這個話題做好準備，這是一種非常有效的方法，而且還有很多其他附帶的好處。

當你仔細思考以下幾件事情的時候——你與孩子的關係、孩子獨特的天性，以及這兩個因素如何影響你要不要和孩子談論「童年情感忽視」的決定——我希望上面的幾個問題能夠對你有所幫助。如果你覺得自己現在或是將來某個時候想要和孩子聊聊這件事，現在就讓我們來討論看看，如果想要獲得成功，你（和你的孩子）在做準備的時候，有哪些值得考量的重要因素。

爲成功而努力

1.讓孩子認識「童年情感忽視」，但不強迫他接受

當你和孩子談論「童年情感忽視」的時候，你所能犯下的最大錯誤，就是帶著脆弱的個人界線去做這件事。意思就是，你沒有在你和孩子之間劃出一道清楚的界線。你進行這次對話的目的是什麼？孩子的目的又是什麼？如果你對孩子必須自己做的事情負起太多的責任，可能會造成更多的問題，而這絕不是我們希望的。

想像你自己的任務是牽著一匹馬去喝水，而你孩子的任務就是喝水。要小心不要越界，不要強迫你的孩子去吸收、接受、或是按照「童年情感忽視」的概念來行動。我建議你把注意力放在自己的努力上，以你所能想到最好的方式把「童年情感忽視」介紹給他，而你要做的就只有這樣。至於要不要採用這樣的訊息、或是對它棄如敝屣、還是先放著之後再說，端看孩子自己的決定。有許許多多的孩子，尤其是青春期的孩子，會先把這些訊息保留下來，當他們準備好了，自然就會把它拿來用。千萬別在這時候給他們壓力。

要記得，孩子無論做什麼決定都不是你的責任，你也不能強迫他們一定要聽你說話或是接受任何事情。你能做的就是把訊息呈現在他們眼前。就是這樣，這就是你的界線。

2.爲談話設定切實可行的期望

讓自己的期望保持在實際的範圍之內是很重要的。我不希望你期待第一次對話就會爲你們的

關係帶來重大的轉化，不過，我還是希望你可以為這次的對話選擇一個小小的目標。要把這件事做好，最好的方法通常是把它想成一系列對話中的一次，而不是只有這一次。耐心是你最好的朋友，所以在做計畫的時候要一步一步慢慢來。

一開始先想清楚你的第一步，讓它簡單而又容易達成。在某些例子當中，第一步或許是對孩子提起「童年情感忽視」這個詞彙，這會給你的孩子一個暗示，讓他們知道你也是在情感匱乏的家庭裡長大的。或者是告訴孩子你想要改變，抑或是告訴他們你最近才發現情感的重要性。如果你的目標只是種下一顆種子，等待它日後慢慢長大，那麼這樣的進度就已經很棒了。

3.選擇合適的時間和地點

想想看你和孩子在什麼時候處得最好。如果在這點上你需要協助，你可以回頭看看第九章，並且讀一讀奧斯卡和奧莉薇怎麼決定他們與父母談話的場景。雖然他們的情況和我們目前談到的情況相反（孩子對父母談「童年情感忽視」），這樣的換位思考對於你的決定也會有所幫助。

我在這裡簡單地做個摘要：選擇一個對你或是孩子來說最沒有壓力的時間和地點，會很有幫助。比如說一次長長的車程、週日晚餐過後、你的孩子接送孫兒的時候；任何時間都可以，只要你的孩子不會不開心就好。

如果你怎麼都想不到適合的時間，那麼就考慮一下對孩子提出正式的邀約。如果你對他說，你有件事想和他談，他會不會比較能夠接受？或是先與他約好時間見面，然後再告訴他這件事？在規劃這件事的時候，沒有對錯的問題。除了你，沒有人能對這件事做出更好的判斷。

4.準備開場白

在思考這件事的時候，想像如果你要和孩子談論一件你們平常不會談，比較深入內心、比較情緒性的話題，有哪些可能的開場方式。預先想好談話的背景是一個方法，拋出好的開場白也是一個好方法。想想看，在最好的情況下，你和孩子通常會怎麼互動？你們會把幽默當成一種交流方式嗎？或是讓孩子告訴父母他最近的成就？一旦你確認了你們之間最佳的溝通模式，想想看有沒有什麼開場白可以搭配這樣的模式使用。

你和我都很會說笑話，這眞的很棒。不過現在我們能不能花個一分鐘，講一件比較嚴肅的事情呢？

我不太常對你說這件事，但是我對你眞的感到非常驕傲。事實上，我最近有個領悟，除了不常對你表達這樣的感受，我還錯過了許多其他的事情。你還想再聽我多說一點嗎？

我知道你爲什麼對我感到生氣。我最近讀了一本書才開始瞭解這一點。你還想繼續聽我說下去嗎？

這是非常有效又充滿關愛的開場白，就等著你的孩子表現出「童年情感忽視」的徵兆，接著利用這一點，以一種充滿愛與關懷的方式把「童年情感忽視」介紹出來。

有時候我很擔心，我不知道你有沒有經常注意自己的需要。你知道，我也有同樣的問題，現在我才知道我是怎麼把這樣的問題延續到你身上。你想知道為什麼嗎？

我希望以前有人告訴我，接受別人的幫助是沒有關係的，那麼，我就會早點教會你這件事。我讀了一本書，內容是關於這樣的事情是怎麼從這一代傳到下一代。

5.與孩子分享「童年情感忽視」的文章或書籍

你最佳的第一步（或是第二步、第三步），可能是讓孩子讀一篇你特別為他選擇的「童年情感忽視」文章，甚至是讀《童年情感忽視：為什麼我們渴望親密，卻又難以承受？》這本書。在和孩子談論「童年情感忽視」之前，你也可以看看我的網站和我在心理學中心網站（PsychCentral.com）的部落格，多找一篇或幾篇可能會讓你的孩子產生共鳴的文章。接著，當你和孩子談話的時候，你便可以要他讀一讀這些文章。

我讀到一篇文章，它解釋了為什麼有些人就是很難把注意力放在自己的需求上，而我發現，那完完全全就是你和我的狀況。如果我把它寄給你，你願意讀一讀嗎？

6.你和孩子各自負起自己的責任

這是最後也是最重要的一點。要注意，父母不只是在談論孩子，他也是在談論他自己，以及他將什麼延續給了孩子。在你的對話中，這是一大重點。要小心，不要在表達你自己的擔憂時，讓孩子覺得那是對他的一種批判。把自己在這個煩惱之中的位置點出來，也是負責任的一種方式。藉著承擔問題的「責任」，你會讓孩子在聽你說話的時候能夠比較自在一點。

光是談談「童年情感忽視」，已是跨出療癒的第一步

我希望你在閱讀這一章的時候，有收到幾個重要的訊息。和孩子談論「童年情感忽視」是一種愛的舉動。這麼做可能會暫時擾亂你們的關係，但是就長遠的目標來看，這是非常值得的。保持耐心、選擇適當的時機、做好準備。

如果你的孩子很生氣，利用這次機會把你們雙方的衝突先放到一邊。因爲當你提到「童年情感忽視」的時候，你便是在瑣碎的日常生活中開闢一條蹊徑，建立起一條從父母到你、再到你的孩子的直達連線。這樣的連線可以往前回溯到好幾代的時光，並且消滅過去數十年來家族中流傳的不滿、痛苦與冷淡。

每段關係都有各種衝突和問題，你可能覺得你和孩子之間的某些問題很嚴重、很緊張，而且和「童年情感忽視」毫不相干。不過，不管問題是大、是小，暫時先把它們封存起來，讓自己單純地和孩子談談「童年情感忽視」，是非常具有療癒效果的一個步驟。因爲，我向你保證，只要你知道這段關係中少了什麼，並且著手處理，要修復你和孩子的關係，遠比想像的還要容易。

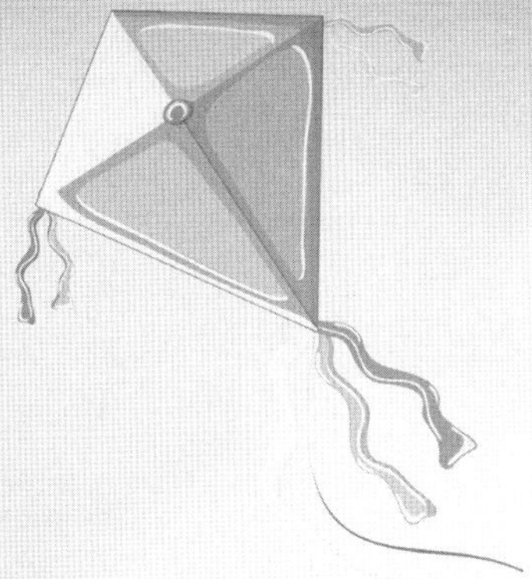

15

兩個獲得療癒家庭的故事

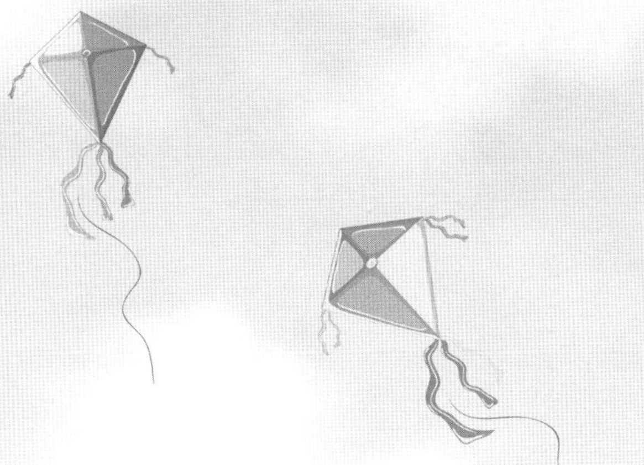

【梅兒、馬歇爾、麥可和瑪莎一家】

你可能還記得，馬歇爾發現「童年情感忽視」就是讓他在婚姻中感到悵然若失的原因。在某次令人不安但是充滿愛意的對話當中，他對梅兒談到這件事，並且說服她去閱讀、瞭解跟「童年情感忽視」有關的訊息。梅兒發現，在自己成長的過程中，母親在情感上的強烈需求就像是一道陰影籠罩著她。藉由馬歇爾的協助，她終於和父母把話講清楚，也與他們設立了必要的界線。她和馬歇爾開始進行婚姻治療，我們一起幫助梅兒重新感覺自己、覺察自己的感受、瞭解情緒如何運作，以及情緒所扮演的重要角色。在梅兒療癒「童年情感忽視」的過程中，她開始注意自己的需求，重新學著照顧自己。她開始勇敢地拒絕工作夥伴不合理的要求，大聲說出自己的願望，並且對馬歇爾表達自己的感受，他們的婚姻關係因此變得更深刻。作為夫妻，他們也開始從梅兒所下的苦工當中嘗到甜美的果實。

我想，你已經知道，在梅兒和馬歇爾的療癒之路上，其中一個最重要的領悟就是他們的孩子也因為「童年情感忽視」而付出代價。對他們來說，這是很難接受的事，但是梅兒運用了「自我同情」和「處理罪惡感」這兩個方法來保持堅強，並且採取了必要的改變，勇敢地為孩子提供她從來沒有從自己的父母那裡得到的東西。

有一天，當梅兒正在練習情感連結的技巧——她把注意力仔細地放在瑪莎的感覺和情感需求上——她突然有了一個清晰的領悟。她靈光一現：「瑪莎不太能夠適應環境的轉換。」梅兒想，或許這個訊息對瑪莎來說也相當有用，所以她必須和瑪莎分享她的發現。同時，她也知道這樣的訊息在什麼時候與瑪莎分享最適切、最有用。那個下午，她到學校接瑪莎，就像幾個月前瑪莎對她發脾氣、讓她難堪的那一次。

截至目前為止，梅兒除了重新為自己設定一些工作上的界線，也把更多的注意力放在「自我照顧」這件事情上。因此，她覺得自己從車子走向孩子們所在的操場時，比較沒有那麼匆忙或是感到壓力很大。當她靠近和瑪莎一起玩耍的那群孩子時，她知道瑪莎已經看到她，因為她做了一個誇張的動作轉身背對母親。

「嗨，甜心，我來了。」她呼喚女兒。小女孩很快地抬頭看了一眼，故意對她皺起眉頭。這次，梅兒不像之前那樣覺得挫敗，她充滿愛意地對著她笑：「親愛的，我知道你還沒準備好要離開。再玩十分鐘，這樣好嗎，瑪莎？十分鐘之後，我們就得走囉。」

「瑪莎，還有五分鐘。」梅兒在五分鐘過後對瑪莎說。接著，當時間一到，梅兒沒有宣布時間結束，而是要瑪莎過來跟她說話。瑪莎步履沉重、臉色不悅，但還是乖乖聽話。「甜心，我知道你的遊戲玩到一半。本來在做這件事，現在要去做那件事，對你來說一定不是很容易，我知道。」瑪莎的脾氣看起來好像快要爆發了，但是她沒有。「媽，我真的還想再玩一下。」她改用懇求的方式。「我知道，我知道，我知道。」梅兒說，「我真的很抱歉，我知道這很難。」她牽住瑪莎的手，一邊走一邊和她說話。「我們回到家，就來看看你昨天跟拉拉做的那張拼貼畫上頭的膠水是不是乾了。如果已經乾了，你想把它掛在哪裡呢？」現在瑪莎開始想像她的拼貼畫，一邊想一邊走，和母親手牽手，一起去拿書包。

幾天之後，馬歇爾出差回家，告訴大家：「我們一起出門吃晚餐吧！你們想上哪家館子呢？」瑪莎無法掩飾她的開心，率先表達意見，大喊：「義麵屋！義麵屋！義麵屋！」梅兒仔細觀察麥可的表情，發現他好像不太喜歡這個點子，而且似乎很認真地在想自己要吃些什麼。「我們上次才去過。」麥可一邊說，一邊看看瑪莎有沒有要爆炸的跡象。梅兒看到麥可正在留意著瑪莎臉上生氣的徵兆，發現他打算放棄自己的喜好，好讓瑪莎不會大鬧一場。麥可接著說：「我要說的是，那裡的義大利麵真的很好吃。」

「麥可，我看得出來你想吃些別的，是不是？」梅兒說，把麥可的注意力從瑪莎的臉上轉移開來，讓他看著自己。「不用擔心瑪莎，她長大了，已經知道輪流是什麼意思。你想去哪一家餐廳呢？」麥可振作起來，但還是有點緊張，最後說出他最喜歡的墨西哥餐廳的名字。

「不要！」瑪莎又開始展現她典型的作風，不過在她變本加厲之前，梅兒走向她、把她緊緊地抱在懷裡，用一種傻氣的語調念著：「小熊喜歡義大利麵和小屋，小熊知道大家要輪流。」這些語句來自瑪莎小時候最喜歡的一本書。瑪莎因為母親的改變嚇了一跳，所以忘了驚聲尖叫。相反地，她以一種退讓的語氣說：「我討厭吃烤玉米片。」梅兒問：「麥可，你願意幫妹妹選一道新的主菜，我們今天來吃吃看嗎？」

如果你是一個局外人，在看到這些情節的時候，大概不會知道梅兒的教養方式有什麼不一樣。但是我們知道。我們看見梅兒對她的孩子展現了更大的情緒包容度，並且把一些和孩子切身相關的訊息回饋給孩子。對瑪莎，她以一種適合瑪莎年齡的語調，讓瑪莎知道自己對於場景的轉換有些不適應——「本來在做這件事，現在要去做那件事，對你來說一定不是很容易。」之後在類似的情況中，梅兒也會重複這句話，幫助瑪莎瞭解她自己。

梅兒則是告訴麥可，她知道他非常貼心，不希望妹妹情緒爆炸。「不要擔心瑪莎，她長大了……」她要麥可放心好好地把自己的想法表達出來，並且藉著要求他幫妹妹選一道新的菜餚，讓麥可再度獲得選擇的權力。

關於情緒上的同調，並非每次的改變都像這個例子那麼順暢。不過，滲透孩子的內心、道出他們的感受、並且以這些訊息來教導他們，這樣的作法對於親子關係來說有著神奇的效果。麥可和瑪莎，一個十一歲、一個六歲，因爲還年幼，所以對梅兒的改變，很快就有反應。他們也很享受和他們在情感上一直保持同調的父親返家所帶來的額外福利。

讓我們回顧這本書一開始，馬歇爾和梅兒的第一則個案描繪。回顧一下馬歇爾對於自己的婚姻有什麼感覺，對於他和妻子、孩子之間的空洞又有什麼感覺。回顧一下瑪莎的羞恥感，還有麥可的自責。回顧一下梅兒的困惑：她努力地試著要成爲比自己的母親更好的母親，卻發現這並不是她女兒所需要的。

在春天快要結束的一個美麗傍晚，從餐廳開車回家的路上，梅兒和馬歇爾把車子停在公園，讓麥可和瑪莎下車去玩。梅兒坐在椅子上看著孩子，深情地靠在馬歇爾身上。馬歇爾靠近妻子的耳朵，對她低語道：「謝謝你。」

梅兒看著丈夫的眼睛，完全明白他的意思，完全不需要任何的語言。

這家人就這樣繼續走下去，以一種有意義、充滿感情的方式連結在一起，以情感上的共鳴和覺知、連結和瞭解來塡滿從前的空虛。

毫無疑問地，這是一個欣欣向榮的家庭。

【奧莉薇、奧斯卡、辛蒂和卡麥隆一家】

奧莉薇和奧斯卡已經走了一段很長、很長的路。他們各自處理自己的「童年情感忽視」，同時也深化並且修復了自己的婚姻。他們努力地在自我覺知、自我照顧上下工夫，並且學習跟情緒及溝通有關的技巧，最後真的成功轉化了自己的生活。

當這些改變發生的時候，就像馬歇爾與梅兒的例子一樣，他們開始發現自己的孩子也在受苦。他們青春期的兒子在學校裡恐慌症發作，似乎無法克服困難的考試科目；他們成年沒多久的女兒看起來非常憤怒，不想和他們往來，而且表現得相當冷淡。他們知道自己必須改變和孩子相處的方式，幸運的是，他們知道該怎麼做。

奧莉薇和奧斯卡開始仔細地觀察自己的兒子，隨時都把這個特別的問題記在心裡：「卡麥隆現在有什麼感覺？」他們一直注意著他：早上起床的時候、離家上學的時候、從學校回家的時候、離家去練習足球的時候、還有練完球回家的時候。在週末和週間的晚上，他們也留意著卡麥隆的感受。此外，他們也試著更頻繁地與他交流。

當奧斯卡和卡麥隆出門去一趟他們父子一年一度的釣魚之旅，奧斯卡和阿卡分享了一些他從阿卡的祖母那裡聽來、關於他自己小時候的故事。他暗示這些故事和卡麥隆的童年有關（但是他沒有直接提到卡麥隆，因為時機還沒成熟，他認為卡麥隆還沒有準備好。）

奧莉薇除了更加留意卡麥隆的感受，也開始針對他的感受來與他互動。當卡麥隆練完足球回到家，連續好幾天看起來都不太開心，奧莉薇對他說：「你看起來似乎需要來一點冰茶。等等，我去倒一杯給你。」接著，當他坐在廚房餐桌前等待的時候，她又問：「你還是像以前那樣喜歡踢足球嗎？最近你練球前後，偶爾看起來不太開心。」

頭幾次，奧莉薇會問卡麥隆類似的問題。他要不是聳聳肩然後走開，不然就是看起來有點不耐煩，接著說：「不用擔心，我沒什麼。」不過奧莉薇沒有就此放棄。如果真的有必要，她就不再追問，不過她還是繼續把更多的注意力放在卡麥隆身上，並且試著和他更頻繁地交流。慢慢地、漸漸地，奧莉薇和奧斯卡開始發現阿卡有些小小的轉變。他現在會和奧莉薇多聊一下，也會告訴奧斯卡他的化學成績拿了C，然後說：「我真是白癡，我讀錯地方了，我不知道自己究竟哪裡有毛病。」

奧斯卡立刻就明白阿卡剛剛的分享意義重大，他馬上做出回應：「哇，阿卡，等等，你這話說得有點嚴重啊。」接著，他找阿卡在傍晚的時候繼續討論這件事，就是要讓他有機會自己先想一下。他告訴阿卡，阿卡說的話讓他有點困擾，並且問他，是不是每次考試出錯，他的腦袋裡都在想這樣的事。當阿卡坦承的確是這樣，奧斯卡給阿卡一個詞彙──「慈悲的問責」，並且解釋它的意思。他告訴阿卡，他以前常常對自己太過嚴苛，還把自己最近的事情拿來當例子，告訴阿卡如何運用「慈悲的問責」。在對話的一開始，阿卡看起來還有點戒備，但是他的確有在聽，而且還在最後開了一個玩笑，清楚地表示他很喜歡這次的談話。

幾個月前，當阿卡學校的老師打電話來告訴他們阿卡有焦慮症之後，奧莉薇、奧斯卡、阿卡和學校的諮商師聚在一起討論這件事。那時候，諮商師對阿卡說，他所經歷的是焦慮症發作。諮商師說焦慮症發作是由於壓力加上遺傳傾向所造成的結果，並且詢問他們家族裡是否有人也患有焦慮症。阿卡的父母告訴諮商師的確如此，但是他們那時候沒有就細節多做討論。

因為卡麥隆已經對他們兩人漸漸敞開心房，奧莉薇和奧斯卡便開始把注意力轉移到辛蒂身上，想要突破她的心防。就許多方面來說，辛蒂是比較難溝通的，因為她住在另一州，而且在情感上和他們有點疏離。所以他們開始認真思考，同時花費比較多的心力，希望找到可以和辛蒂交流的突破點。

一般來說，辛蒂每兩個星期會給父母打一通例行的問候電話。她的父母打破這樣的慣例，開始在每個星期天早上打電話給她。一開始，辛蒂不一定每次都會接電話。但是在他們這樣固定、準時地打了幾個月之後，她開始比較常接起電話。她開始對父母有比較多回應，這可能也和這些電話的性質有關，因為她的父母會問她比較具體的問題，不管那是和工作、和朋友或是和生活有關。他們對珠寶沒什麼興趣，但是也會提出幾個和珠寶有關的問題，接著便仔細地聽她回答，然後在下一通電話繼續問一些後續問題。他們也開始說起一些和自己有關、而且比較有意義的事。奧斯卡和辛蒂分享了他在癌症手術時所經歷的恐懼和焦慮。他們問辛蒂，他們是否有在那段困難的時期好好地與她分享他們的感覺，還有為她提供足夠的情感支持。當然，辛蒂要他們放心，說他們有。但是奧斯卡和奧莉薇知道那是辛蒂的「童年情感忽視」在發聲，所以他們沒有把她的答案完全當真。

有好幾次，辛蒂不耐煩地對父母發脾氣，奧莉薇和奧斯卡以一種充滿關愛、不具批判意味的語氣問她：「辛蒂，你為什麼生氣？」每一次，辛蒂都好像有些不好意思，她會稍微停頓一下，然後才接著說：「沒事，媽。」但是奧莉薇知道，她開始對於自己的怒氣有所覺察，也知道這樣的怒氣會對父母造成影響。

感恩節就要來臨，奧斯卡和奧莉薇打算利用這個機會給他們的兩個孩子來一場震撼教育。他們對各自的父母解釋，今年的假期必須和孩子來一場特別的談話，所以沒有辦法到他們家去過節。雙方的父母都表示理解，因為他們現在也知道「童年情感忽視」是什麼，也跟奧斯卡和奧莉薇針對此事做過討論。

奧莉薇和奧斯卡打電話給辛蒂，問他們今年能不能到她位於普羅維登斯的公寓過感恩節，因為他們想來點不一樣的。他們還補充說，他們希望家裡可以有一些自己的時間來慶祝奧斯卡恢復健康。辛蒂似乎有點訝異，不過她很爽快地答應了。

他們全家人過了一個愉快、光明的感恩節週末。沒有祖父母、沒有阿姨叔叔，沒有朋友或是鄰居，只有他們一家四口。在星期六晚上，他們一起散步到城裡，看看聖誕節的裝飾，然後到一家小餐廳享用甜點。就在那裡，就在那個時刻，奧斯卡知道對孩子談談「童年情感忽視」的時機終於來到。

「嘿，各位，我有一些話想說。首先，我想要舉杯祝賀我自己恢復健康。再來，我想要謝謝你們，我兩個優秀的孩子和美麗的太太，陪我度過那段非常困難的時期。如果沒有你們，我真的不知道該怎麼辦。你們是我在這個世界上最愛的三個人。」

看看身邊的人，奧斯卡看見奧莉薇朝著他溫暖地點了點頭。辛蒂看起來有些面紅耳赤的，整個人充滿警覺，注意力正處於當下。阿卡看起來有些不自在，開始抖動雙腳，眼神在父親和地板之間來來回回。奧斯卡繼續說：「我想要和你們兩個孩子分享一些重要的事情，那是我和你們的母親從那一次可怕的經驗中發現的。那時候我們被迫要更仔細地想一想，作為一家人，我們要怎樣才能為彼此提供支持。我們發現，我們兩人都在不是非常留意孩子感受的家庭裡長大，雖然那並不是父母的錯。」

當奧斯卡在這裡打住，阿卡很快地抬起頭，然後問：「爸，那是什麼意思？」這表示他其實有在聽。

從這裡開始，他們開啓了一場引人入勝的對話。奧斯卡和奧莉薇以一種坦率、和以往任何時刻相較都還要敞開的方式，對兩個孩子訴説自己小時候的故事。奧斯卡説了很多他母親焦慮症發作的事情；奧莉薇則是告訴他們，在她單親的母親努力持家的時候，她除了必須照顧家務，還要照顧弟妹。他們説自己在成長的過程中，不知道自己的感受為何物，不知道自己的喜好，也不知道自己的需求有多重要。他們還説，即使他們深愛著辛蒂和卡麥隆，卻發現自己在無意中也是以這種方式撫養他們。

奧莉薇告訴他們：「我們去看了一個治療師，對於關係以及一些真正重要的事，我們學了很多，而這改變了一切。」

除了偶爾問幾個問題，辛蒂和阿卡並沒有在這一次的家庭談話中説太多話，但是他們都聽進去了。關於父母和自己，他們獲得了許多非常寶貴的訊息，這些訊息會在之後幾十年，以不同的方式、在不同的時間點再度現身。事實上，這次的談話以一種微妙但是具體的方式轉化了他們四個人的關係。

這次聚會之後，辛蒂和阿卡開始能夠比較自在地互傳訊息、分享笑話或故事。辛蒂開始主動打電話給父母，尋求他們的建議或支持。她偶爾在面對父母的時候還是會感到挫敗，就像所有的孩子一樣，但是她比較不會對他們毫無來由地亂發脾氣。相反地，她會告訴他們，自己究竟為什麼覺得不高興。

現在讓我們回到感恩節過後的那個週六傍晚，當他們吃完甜點，散步回到辛蒂位於普羅維登斯的公寓時，奧斯卡和奧莉薇牽著彼此的手，辛蒂和阿卡則是快步走在前面，低頭盯著自己的手機看。辛蒂想要把卡麥隆推到人行道外，阿卡則是試著要絆倒她、反將她一軍。

「辛蒂，小心！不要把你弟弟推到馬路上！」奧莉薇對她的兩個孩子說。奧斯卡見狀暗自竊笑，突然想起這兩個孩子還小的時候。

接著，他抬頭看看夜空，吸入十一月涼爽的空氣，滿足地嘆了一口氣。

「我是全世界最幸運的男人。」他這麼想。

尾聲

在書末的致謝中，我提到我的父親在癌症過世前告訴我的七字箴言。透過這七個字，我才開始察覺到「童年情感忽視」的威力。事實上，隨著時間過去，他的話以一種絕對且不容質疑的方式，在各個層面對我的生活產生了影響。

我的父親是在美國中部土生土長的農夫。爲了經營家族農場，他大部分的時間都在工作。在我成長的過程中，關於父親的事，我記得的並不多，因爲他總是想著別的事，並沒有把注意力放在孩子身上。從後見之明來看，我知道他非常努力地想要經營出一座成功的農場。除了養家，更重要的是，他希望自己能夠在那個領域出類拔萃。

對我來說，因爲父親總是忙得不可開交、脾氣不太好，所以我總是盡量避開他。我想，這樣沒什麼不好。後來到了青春期，我離家上大學，幾乎不會想到他。他讓我在物質上不虞匱乏，對此我相當感激，但是除此之外，我沒有別的感覺。「我不需要他給我任何東西。」我這樣告訴自己。許多年來，我都一直這樣認爲。

直到有一天，我接到一通電話，知道他被診斷出肺癌。

好幾次，我到哥哥與嫂嫂在奧克拉荷馬的家照料父親的時候，我才有機會以一種非常重要的方式來認識他。他問了我很多問題——關於我、關於我的生活——我們也談論過去在農場的生活。諷刺的是，只有在那個時候，當他已經不久於人世的時候，我們兩人才有時間以這種方式交流。

有一天，大約在他過世前一個月，我的哥哥、姊姊和家人一起陪著他慶祝父親節。對我們而言，那是個既苦澀又甜蜜的場合，因爲我們都知道他時日不多了。

我們坐在客廳裡，全部的人都在閒談、說笑，帶著深深的承諾，我的父親突然說：「我是這個世界上最幸運的人（I'm the luckiest man in the world）。我是說眞的。眞的。世界上最幸運的人。」

在短暫的沉默之後，大家繼續圍繞著他聊天，但我卻動彈不得。我的父親，全身陷入持續性的疼痛，生命正一點一滴流逝，怎麼可能會有那樣子的感覺？我花了好幾天思考，才能體會到那究竟是什麼意思。

他用那七字箴言來表達他當下的感受，表達他對於屋子裡這些人的感受——他的孩子、孩子的丈夫和妻子、還有他的孫兒們，每一個他都認識，每一個他都喜愛——這是他在這個世界上最重要的東西。

在這些字眼裡頭，我終於發現某個既深刻又至關重要的東西，這個東西完全地改變了我對自己的感受，並且種下種子，最後發芽成爲了這本書的內容。

因爲這七字箴言，我最後終於瞭解，並且眞正地感覺到，對父親而言，我是重要的。

感覺詞彙表

悲傷（SAD）	心情沉重（Heavy-hearted）	煩躁不安的（Dysphoric）
淚眼汪汪（Tearful）	受到輕視（Scorned）	淒涼的（Dreary）
充滿憂傷（Sorrowful）	陰沉的（Grey）	鬱悶的（Dark）
苦惱的（Pained）	悲慘的（Miserable）	黯淡的（Black）
哀愁（Grief）	憂鬱的（Blue）	愁眉苦臉的（Morose）
悲愴（Anguish）	渴望的（Longing）	陰沉的（Dour）
渴望（Desperate）	失望的（Disappointed）	孤立無援的（Besieged）
低落（Low）	冷酷的（Grim）	病態的（Morbid）
厭世（Pessimistic）	陰鬱的（Gloomy）	想自殺的（Suicidal）
不快樂（Unhappy）	失落的（Lost）	可惡的（Accursed）
悲情的（Grieved）	喜怒無常的（Moody）	卑劣的（Abysmal）
充滿哀慟（Mournful）	沉重的（Burdened）	丟臉的（Ashamed）
表情嚴肅（Grave）	氣餒的（Discouraged）	被貶低的（Diminished）
驚慌（Dismayed）	令人失望的（Let down）	自我毀滅的（Self-destructive）
沮喪（Bummed）	**抑鬱（DEPRESSED）**	自我貶抑的（Self-abasing）
垂頭喪氣（Despondent）	糟糕的（Lousy）	有罪惡感的（Guilty）

不滿足的（Dissatisfied）	傷痕累累的（Scarred）	坐立不安的（Antsy）
令人厭惡的（Loathsome）	不純潔的（Impure）	受打擾的（Disturbed）
筋疲力盡的（Worn out）	被寵壞的（Spoiled）	令人作嘔的（Sickened）
令人反感的（Repugnant）	被傳染的（Infected）	不安穩的（Off-balance）
卑鄙的（Despicable）	受到損害的（Scathed）	尖酸刻薄的（Sour）
令人憎惡的（Abominable）	受到圍困的（Beleaguered）	煩躁的（Fidgety）
糟糕的（Terrible）	受損的（Impaired）	罕見的（Peculiar）
絕望的（Despairing）	噁心的（Disgusting）	太黏人的（Icky）
不高興的（Sulky）	被削弱的（Crippled）	脾氣暴躁的（Ill-tempered）
壞的（Bad）	被憎惡的（Abhorred）	奇怪的（Odd）
失落感（Sense of loss）	被破壞的（Destroyed）	不恰當的（Inappropriate）
殘破的（DAMAGED）	不正常的（Abnormal）	狀況外的（Out of it）
脫離正軌的（Aberrant）	被汙染的（Contaminated）	引人側目的（Conspicuous）
殘廢的（Maimed）	下賤的（Contemptible）	異常的（Off-center）
令人厭惡的（Detestable）	**不舒服的（UNCOMFORTABLE）**	腐敗的（Rotten）
墮落的（Ruined）	尷尬的（Awkward）	不滿的（Discontented）
受到玷汙的（Defiled）	挫敗（Discomfit）	**憤怒的（ANGRY）**

厭世的（Misanthropic）	覺得不爽（Disgruntled）	驚駭的（Horrified）
氣憤的（Miffed）	愛吵架的（Contentious）	暴怒的（Furious）
被激怒的（Irritated）	口出惡言的（Abusive）	令人憤慨的（Outraged）
輕蔑的（Contemptuous）	被挑起怒火的（Enraged）	被惹毛了（Ticked off）
暴躁的（Fiery）	性格乖戾的（Surly）	被激怒（Riled）
惡意的（Spiteful）	嗜血的（Bloodthirsty）	令人噁心的（Nauseated）
煩躁的（Perturbed）	懷有敵意的（Hostile）	罪惡的（Vicious）
惹人厭的（Abrasive）	侮辱的（Insulting）	有戒心的（Wary）
煩躁的（Stewing）	厭惡的（Disgusted）	痛心的（Sore）
發怒的（Seething）	氣急敗壞的（Exasperated）	惱人的（Annoyed）
氣沖沖的（Livid）	排斥的（Repulsed）	讓人心煩的（Upset）
正面對決的（Confrontive）	怒氣沖天（Steamed）	可恨的（Hateful）
氣炸了（Pissed Off）	灰心喪志的（Dismayed）	令人不快的（Unpleasant）
惱怒的（Bristling）	挫敗的（Frustrated）	無禮的（Offensive）
危險的（Dangerous）	反感的（Revolted）	諷刺的（Bitter）
怨恨的（Galled）	內心混亂的（Troubled）	有侵略性的（Aggressive）
覺得煩（Bugged）	愛生氣的（Cranky）	惡化的（Aggravated）

被嚇壞的（Appalled）	平淡的（Bland）	愛耍手段的（Manipulative）
充滿怨恨的（Resentful）	**傷人的（HURTFUL）**	虐待狂的（Sadistic）
受到煽動的（Inflamed）	刻薄的（Mean）	有害的（Harmful）
受到挑撥的（Provoked）	被挑起怒火的（Enraged）	控制的（Controlling）
被點燃怒火的（Incensed）	粗魯的（Rude）	**脆弱的（VULNERABLE）**
怒不可遏的（Infuriated）	報復性的（Retaliatory）	暴露的（Exposed）
苦難（Cross）	險惡的（Menacing）	遭霸凌的（Bullied）
激動的（Worked up）	無情的（Ruthless）	被拘禁的（Corralled）
激憤的（Boiling）	愛說話的（Mouthy）	覺得羞恥的（Small）
氣到冒煙的（Fuming）	下流的（Nasty）	容易被影響的（Susceptible）
無聊的（BORED）	危險的（Dangerous）	可以用過即丟的（Expendable）
庸俗的（Mundane）	報復心強的（Vengeful）	沒有防備的（Bare）
無精打采的（Listless）	無禮的（Offensive）	生澀的（Raw）
乏味的（Understimulated）	心懷不軌的（Malicious）	柔弱的（Delicate）
沉悶的（Dreary）	惡毒的（Malignant）	占上風的（One-upped）
單調的（Tedious）	惡意的（Malevolent）	軟弱的（Weak）
沒有什麼問題的（Unchallenged）	殘酷的（Cruel）	被遮蔽的（Obscured）

狹隘的（Little）	笨手笨腳的（Clumsy）	有過失的（Culpable）
黯然失色的（Eclipsed）	不安的（Uncomfortable）	詐欺的（Deceitful）
被控制的（Controlled）	覺得羞愧（Mortified）	錯誤的（Wrong）
被欺騙的（Conned）	尷尬的（Awkward）	罪有應得（At fault）
引人注意的（Conspicuous）	愚蠢的（Silly）	有缺點的（Faulty）
敏感的（Sensitive）	有失光彩的（Disgraced）	**單獨的（ALONE）**
勉強的（Constrained）	引人注目的（Conspicuous）	被遺棄的（Abandoned）
盲目的（Blind）	傻里傻氣的（Foolish）	反社會的（Antisocial）
受困的（Bested）	荒謬的（Absurd）	寡不敵衆的（Outnumbered）
失落的（Lost）	**有罪惡感的（GUILTY）**	沒有愛情的（Loveless）
破碎的（Broken）	不值得的（Undeserving）	疏遠的（Estranged）
居於劣勢的（One-down）	負責的（Responsible）	繞過不管的（Bypassed）
敞開的（Open）	悔恨的（Rueful）	分離的（Dissociated）
被監禁的（Captive）	悔悟的（Contrite）	渴望的（Longing）
難為情的（EMBARRASSED）	後悔的（Regretful）	得不到的（Inaccessible）
受到羞辱的（Humiliated）	有責任的（Accountable）	無依無靠的（Freindless）
丟臉的（Ashamed）	受良心譴責的（Remorseful）	貧困的（Needy）

受到忽視的（Disregarded）	沒有計畫的（Planless）	緊繃的（Tense）
冷淡的（Distant）	散漫的（Scattered）	混亂的（Perplexed）
疏離的（Alienated）	尋尋覓覓（Seeking）	慌張的（Flustered）
孤獨的（Desolate）	令人動彈不得的（Stranded）	困惑的（Confused）
受到迴避的（Avoided）	令人為難的（Stumped）	昏沉的（Befuddled）
分開的（Apart）	**困惑的（CONFUSED）**	困窘的（Disconcerted）
惹人厭的（Disliked）	矛盾的（Ambivalent）	莫名其妙的（Mystified）
被拋棄的（Deserted）	百思不解的（Puzzled）	六神無主的（Bewildered）
孤伶伶的（Aloof）	不確定的（Uncertain）	焦急的（Anxious）
被忽視的（Ignored）	有衝突的（Conflicted）	含糊的（Muddled）
一無所有的（Dispossessed）	猶豫不決的（Indecisive）	挫敗的（Baffled）
被拒絕的（Rejected）	遲疑的（Hesitant）	糊塗的（Addled）
被隔離的（Isolated）	疑惑（Misgiving）	心不在焉的（Distracted）
被排除的（Excluded）	失落的（Lost）	懷疑的（Doubtful）
失戀的（Jilted）	沒有把握的（Unsure）	**震驚的（SHOCKED）**
失落的（LOST）	不自在的（Uneasy）	目瞪口呆（Agape）
缺乏引導的（Rudderless）	不知所措（At a loss）	嚇呆了（Aghast）

急切的（Agog）	嫌惡的（Averse）	疲倦的（Pooped）
啞然失色的（Flabbergasted）	遲疑的（Hesitant）	勞累的（Strained）
受到創傷（Stricken）	對抗的（Against）	軟弱無力的（Faint）
吃驚的（Jolted）	敵對的（Opposed）	渾身濕透的（Bedraggled）
驚愕的（Stunned）	好爭論的（Quarrelsome）	油盡燈枯的（Dried up）
目瞪口呆（Dumbstruck）	抗拒的（Resistant）	倦怠的（Listless）
猛然一驚（Startled）	不和諧的（Disharmonious）	無精打采的（Limp）
震撼的（Jarred）	反叛的（Rebellious）	超載的（Overloaded）
令人吃驚的（Astonished）	反對的（Oppositional）	苦惱的（Harried）
慌張的（Rattled）	頑固的（Stubborn）	令人煩擾的（Hassled）
嚇傻了（Dumbfounded）	倔強的（Recalcitrant）	被蹂躪的（Downtrodden）
茫然的（Dazed）	**疲累的（TIRED）**	衰竭的（Depleted）
驚呆了（Stupefied）	身經百戰（Battle-worn）	疲憊的（Exhausted）
嚇得一愣一愣的（Dumfounded）	憔悴的（Worn）	累垮了（Done-in）
大吃一驚的（Astounded）	透支（Overdrawn）	喝醉的（Fried）
令人肅然起敬的（Awestruck）	筋疲力竭（Drained）	感到厭倦的（Weary）
負面的（NAGATIVE）	竭盡全力（Stretched）	完蛋了（Finished）

消沉的（Dispirited）	神經緊張的（Jittery）	靜不下來的（Restless）
衰弱的（Spent）	神經質的（Jumpy）	煩惱的（Fretful）
操心的（Careworn）	嚇到的（Scared）	有壓力的（Stressed）
沒力了（Used up）	受到威脅的（Threatened）	謹慎的（Guarded）
害怕的（AFRAID）	受驚嚇的（Terrified）	心煩意亂的（Ruffled）
擔心（Fear）	被嚇壞的（Spooked）	膽小的（Skittish）
動彈不得的（Boxed-in）	受驚的（Shaken）	心事重重的（Preoccupied）
走投無路的（Cornered）	不安的（Uneasy）	狂亂的（Frantic）
恐懼的（Chilled）	招架不住的（Overwhelmed）	亂七八糟的（Pell-mell）
可疑的（Suspicious）	驚慌的（Alarmed）	強迫的（Obsessive）
憂心的（Anxious）	擔憂的（Worried）	害羞（Shy）
懷疑的（Doubtful）	**憂心的（ANXIOUS）**	克服（Overcome）
怯懦的（Cowardly）	氣餒的（Daunted）	顫抖的（Shaky）
顫抖的（Quaking）	羞怯的（Timid）	吵吵鬧鬧的（Jangled）
有危險的（Menaced）	複雜的（Knotted）	沒有安全感（Insecure）
擔憂的（Wary）	自我覺察的（Self-conscious）	神經緊張的（Nervous）
受驚的（Frightened）	神經質的（Neurotic）	恐懼的（Dreading）

恐慌的（Panicky）	被徹底打敗的（Annihilated）	受迫害的（Persecuted）
氣餒的（Unnerved）	受到阻礙的（Rebuffed）	被貶損（Put down）
謹慎的（Cautious）	受到摧殘的（Brutalized）	受壓迫的（Oppressed）
坐立不安的（Antsy）	受到突襲的（Bushwhacked）	被藐視的（Slighted）
受傷害（HURT）	被嘲笑（Laughed at）	疼痛的（Aching）
宣告無效的（Invalidated）	痛苦萬分的（Agonized）	苦惱的（Afflicted）
被譴責的（Chastised）	心碎了（Heart-broken）	受傷的（Injured）
看不太出來的（Invisible）	不受尊重的（Disrespected）	受到冒犯的（Offended）
被調侃（Ridiculed）	受害的（Victimized）	被拒絕的（Rejected）
搞砸了（Screwed）	被侮辱（Insulted）	被毆打的（Assaulted）
被虧待（Wronged）	被拋棄的（Jilted）	垂頭喪氣的（Dejected）
受到貶抑的（Abased）	被欺騙（Cheated）	被虐待的（Tortured）
受打擊的（Punched）	受到貶低的（Devalued）	痛苦的（Pained）
被羞辱的（Humiliated）	被遺忘的（Forgotten）	受剝奪的（Deprived）
受到鎮壓的（Squashed）	被恐嚇的（Intimidated）	受折磨的（Tormented）
遍體鱗傷的（Burned）	被忽視的（Neglected）	悲痛的（Bleeding）
被責怪的（Blamed）	被打敗的（Defeated）	崩潰的（Crushed）

受虐待的（Abused）	被抹滅（Erased）	被詛咒（Cursed）
受傷害的（Damaged）	被陷害（Set up）	被貶低（Degraded）
受忽視的（Ignored）	客觀化的（Objectified）	被嚴厲批評（Damned）
受冷落的（Snubbed）	受到脅迫的（Railroaded）	下賤的（Debased）
被看輕的（Diminished）	受到嚴厲責備的（Reamed）	欺騙的（Cheated）
遭受背叛的（Betrayed）	被譴責（Denounced）	不忠的（Cheated on）
洩氣的（Deflated）	被去勢（Emasculated）	受剝奪的（Deprived）
受害的（VICTIMIZED）	被控制（Controlled）	受難的（Crucified）
受到霸凌的（Bullied）	被毀謗（Denigrated）	**不足的（INADEQUATE）**
受到壓制的（Quashed）	被欺騙（Deceived）	平庸的（Mediocre）
受到虧待的（Mistreated）	被愚弄（Bamboozled）	沒有優點的（Unworthy）
替人頂罪的（Scapegoated）	被虐待（Abused）	能力不足的（Incompetent）
受挫的（Eviscerated）	被打擊（Crushed）	沒有骨氣的（Spineless）
倒楣的（Jinxed）	被蒙蔽（Duped）	沒有安全感的（Insecure）
被蒙蔽的（Hoodwinked）	被吞沒（Devoured）	溫順的（Meek）
發展受阻的（Suffocated）	受責備（Dumped-on）	不夠的（Insufficient）
受到打擾的（Intruded upon）	被戴綠帽（Cuckolded）	無力的（Powerless）

無助的（Helpless）	虛弱的（Impotent）	被支配的（Dominated）
低劣的（Inferior）	癱瘓的（Paralyzed）	悲情的（Tragic）
無能的（Incapable）	受到束縛的（Straight-jacketed）	不幸的（Woeful）
沒有用的（Useless）	被困住的（Stuck）	受挫的（Frustrated）
不稱職的（Inept）	受到妨礙的（Stonewalled）	猶豫的（Hesitant）
不值的（Unworthy）	被管太多的（Micro-managed）	空虛的（Empty）
不中用的（Weak）	很爛的（Lame）	低劣的（Inferior）
可悲的（Pathetic）	沒用的（Useless）	疲乏的（Fatigued）
沒有價值的（Worthless）	脆弱的（Vulnerable）	孤單的（Alone）
居於劣勢的（One-down）	受阻的（Hindered）	被壓得喘不過氣（Overwhelmed）
有缺陷的（Deficient）	不動的（Immobile）	**漠不關心的（INDIFFERENT）**
衰弱的（Enfeebled）	無效的（Ineffective）	麻木的（Apathetic）
次等的（Second rate）	無意的（Futile）	沒有生氣的（Lifeless）
無助的（HELPLESS）	受逼迫的（Forced）	空虛的（Empty）
無能的（Incapable）	絕望的（Despairing）	無動於衷的（Bland）
被控制的（Controlled）	悽慘的（Distressed）	像機器人的（Robotic）
被壓制的（Stifled）	可悲的（Pathetic）	死氣沉沉的（Dead）

不感興趣的（Disinterested）	**幸福的（HAPPY）**	快活的（Sunny）
沒有情感的（Emotionless）	喜悅的（Joyous）	喜悅的（Merry）
無精打采的（Lackadaisical）	高興的（Mirthful）	得意的（Perky）
平庸的（Banal）	很棒的（Peachy）	喜氣洋洋的（Jubilant）
厭倦的（Blasé）	幸運的（Fortunate）	歡欣鼓舞的（Elated）
毫不在意的（Cavalier）	令人目眩神迷的（Giddy）	極度興奮的（Delirious）
冷淡的（Cold）	興高采烈的（Exuberant）	志氣昂揚的（Soaring）
厭煩的（Bored）	活潑的（Buoyant）	優越的（Important）
不在乎的（Absent）	愉悅的（Delighted）	幸運的（Lucky）
中庸的（Neutral）	非常高興的（Overjoyed）	偉大的（Great）
令人生厭的（Weary）	愉快的（Gleeful）	才氣煥發的（Sparkling）
有所保留的（Reserved）	感恩的（Thankful）	生氣勃勃的（Bouncy）
不關心的（Nonchalant）	歡樂的（Festive）	極樂的（Blissful）
不敏感的（Insensitive）	狂喜的（Ecstatic）	**敞開的（OPEN）**
不在乎的（Uncaring）	心滿意足的（Satisfied）	瞭解的（Understanding）
遲鈍的（Dulled）	歡喜的（Glad）	準備好的（Ready）
心不在焉的（Mindless）	爽快的（Cheerful）	有信心的（Confident）

可靠的（Reliable）	勇敢的（Courageous）	清醒的（Awake）
親切的（Kind）	有活力的（Energetic）	多采多姿的（Colorful）
接受的（Accepting）	容光煥發的（Glowing）	光榮的（Glorious）
有接受性的（Receptive）	精神十足的（Spunky）	**好的（GOOD）**
滿意的（Satisfied）	放縱的（Liberated）	沉靜的（Serene）
有同情心的（Sympathetic）	樂觀的（Optimistic）	放鬆的（Relaxed）
愛冒險的（Adventurous）	有勁的（Peppy）	值得的（Deserving）
愛玩的（Fun-loving）	重生的（Reborn）	冷靜的（Calm）
精力無窮的（Boundless）	刺激性的（Provocative）	合宜的（Decent）
得意洋洋的（Exultant）	衝動的（Impulsive）	令人愉快的（Pleasant）
感興趣的（Interested）	自由的（Free）	輕鬆的（At ease）
自由的（Free）	活蹦亂跳的（Frisky）	舒適的（Comfortable）
令人驚奇的（Amazed）	生氣蓬勃的（Animated）	高興的（Pleased）
容易的（Easy）	令人激動的（Electric）	整潔的（Clean）
愛旅遊的（Aboard）	精神飽滿的（Spirited）	很棒的（Fabulous）
有活力的（ALIVE）	令人顫動的（Thrilled）	受到鼓舞的（Encouraged）
愛嬉鬧的（Playful）	美好的（Wonderful）	吃驚的（Surprised）

非凡的（Extraordinary）	溫柔的（Tender）	注意力集中的（Absorbed）
聰明的（Smart）	敏感的（Sensitive）	好奇的（Curious）
伶俐的（Clever）	關懷的（Caring）	注意的（Attentive）
滿足的（Content）	溫暖的（Affectionate）	覺察的（Aware）
安靜的（Quiet）	愛（Love）	有想像力的（Imaginative）
活潑的（Bright）	連結（Connection）	**強壯的（STRONG）**
滿意的（Pleased）	溫暖（Warmth）	吃苦耐勞的（Hardy）
放心的（Reassured）	**感興趣的（INTERESTED）**	強韌的（Tenacious）
確定的（Sure）	全神貫注的（Engrossed）	堅定的（Resolute）
肯定的（Certain）	愛探聽的（Snoopy）	穩定的（Stable）
有愛心的（LOVING）	愛管閒事的（Nosy）	權威的（Authoritative）
體貼的（Considerate）	擔心的（Concerned）	堅忍不拔的（Persevering）
仰慕（Admiration）	被影響的（Affected）	恢復活力的（Revitalized）
熱情的（Passionate）	好奇的（Intrigued）	勇敢的（Brave）
投入的（Devoted）	入迷的（Fascinated）	獨特的（Unique）
著迷的（Attracted）	喜歡探詢的（Inquisitive）	有動力的（Dynamic）
可愛的（Cuddly）	著迷的（Rapt）	大膽的（Nervy）

道德的（Moral）	自信的（Assured）	有生產力的（Productive）
有影響力的（Influential）	可靠的（Solid）	緊張的（Pumped）
好爭吵的（Feisty）	有能力的（Capable）	誠懇的（Sincere）
叛逆的（Rebellious）	適任的（Competent）	充滿希望的（Hopeful）
坦率的（Outspoken）	英勇的（Courageous）	**可接受的（ACCEPTABLE）**
有把握的（Sure）	吃苦耐勞的（Hardy）	足夠的（Adequate）
合乎倫理的（Ethical）	**積極的（POSITIVE）**	還可以的（Okay）
肯定的（Certain）	有熱忱的（Enthusiastic）	夠好的（Good enough）
自由的（Free）	興奮的（Excited）	平均的（Average）
清晰的（Clear）	熱切的（Eager）	起作用的（Functional）
優雅的（Graceful）	激烈的（Keen）	正當的（Legitimate）
掌握中（In control）	認真的（Earnest）	**關心的（CARED FOR）**
勇於正面對決的（Confrontive）	專心致志的（Intent）	仰慕的（Admired）
可信賴的（Reliable）	焦慮的（Anxious）	縱容的（Pampered）
能幹的（Able）	有決心的（Determined）	感激的（Appreciated）
有才能的（Accomplished）	受到激勵的（Inspired）	獲得接納的（Accommodated）
果斷的（Assertive）	受誇獎的（Complimented）	受人尊重的（Esteemed）

光榮的（Honored）	清明的（Clear）	有連結的（Connected）
感恩的（THANKFUL）	反應快的（Quick）	有同感的（Empathetic）
心懷感激的（Appreciative）	見多識廣的（Informed）	無私的（Selfless）
感謝的（Grateful）	觀察力敏銳的（Observant）	有同情心的（Sympathetic）
有義務的（Obliged）	能言善道的（Articulate）	厚道的（Gracious）
蒙福的（Beholden）	有想像力的（Imaginative）	奉獻的（Dedicated）
受別人恩惠的（Owing）	有邏輯能力的（Logical）	依戀的（Attached）
聰明的（SMART）	成熟的（Mature）	忠誠的（Loyal）
頭腦清楚的（Heady）	精明的（Sagacious）	慷慨的（Generous）
理解力強的（Intelligent）	有智慧的（Wise）	有感情的（Affectionate）
機靈的（Bright）	有技巧的（Skilled）	負責的（Responsible）
一針見血的（Accurate）	體貼的（Thoughtful）	溫暖的（Warm）
足智多謀的（Brainy）	通情達理的（Sensible）	滋養的（Nurturing）
專注的（Focused）	**關懷的（CARING）**	惹人憐愛的（Cuddly）
明智的（Brilliant）	仁慈的（Benevolent）	愛說話的（Communicative）
有見識的（Knowing）	有愛心的（Loving）	**放鬆的（RELAXED）**
果斷的（Decisive）	協調的（In tune）	平靜的（Calm）

愛說笑的（Breezy）	美麗的（Beautiful）
想睡覺的（Sleepy）	火辣的（Hot）
釋放的（Released）	標緻的（Gorgeous）
輕鬆的（Chill）	有趣的（Interesting）
沒問題的（Resolved）	時髦的（Dandy）
迷人的（ATTRACTIVE）	性感的（Sexy）
光彩奪目的（Captivating）	有風度的（Dapper）
漂亮的（Pretty）	衣冠楚楚的（Well-dressed）
風趣的（Funny）	相配的（Coordinated）
奔放的（Jazzy）	有型的（Stylish）
難以抗拒的（Irresistible）	溫文儒雅的（Debonair）
帥氣的（Handsome）	
英俊的（Good-looking）	
令人想要的（Desirable）	
吸引人的（Appealing）	
受歡迎的（Popular）	
可愛的（Lovely）	

參考書目

丹尼爾・高曼（Daniel Goleman），《EQ：決定一生幸福與成就的永恆力量》（*Emotional Intelligence*），時報出版，二〇一六。

Helliwell, JF and Grover, S. "How's Life at Home? New Evidence on Marriage and the Setpoint for Happiness." *The National Bureau of Economic Research*. December, 2014.

Law, Kenneth S.; Wong, Chi-Sum; Song, Lynda J. "The Construct and Criterion Validity of Emotional Intelligence and Its Potential Utility for Management Studies." *Journal of Applied Psychology*, Vol 89(3), Jun 2004, 483-496.

Moore, Kristin A., Kinghorn, Andrea and Bandy, Tawana. "Parental Relationship Quality and Child Outcomes Across Subgroups." *Child Trends Research Brief*, 2011.

Rosenberg, Ross. *The Human Magnet Syndrome*. Pesi Publishing and Media, 2013.

Sanders, CW and Sadosky, M., et al. "Learning Basic Surgical Skills with Mental Imagery: Using the Simulation Centre in the Mind." *Medical Education*, Vol 42 (2008):607-612.

Urquijo, I., Extremera, N. and Villa A. "Emotional Intelligence, Life Satisfaction and Psychological Well-Being in Graduates: The Mediating Effect of Perceived Stress." *Applied Research in Quality of Life,* Vol 11 (4), Dec 2016, 1241-1252.

U.S. Dept. of Health and Human Services. Report of the Surgeon General. *Facing Addiction in America,* 2016.

誌謝

請求幫助向來不是我的專長，而這還是比較委婉的說法。但是在我的生命裡，有幾個人爲我提供了莫大的支持，因爲要寫這本續集的緣故，我會請他們閱讀書稿、提供意見、或修正某些技術上的問題，面對他們我卻感到相當自在。和他們交流，我一點都不覺得自己是在請求他們的幫助。

丹妮斯·沃德隆（Denise Waldron）自己也寫書，而且正寫到一半，但她總會抽出時間來閱讀我的書稿，幫我修正大大小小的問題，並且給我最眞實的意見。我對丹妮斯的感謝永遠都不夠，她是一位樂意助人、誠懇又可靠的同事，也是一位値得信賴的朋友。

麥可·費恩斯坦（Mike Feinstein）是另一位直率而且値得信任的朋友，他總是在商務行程搭乘火車的途中，擠出時間來閱讀、審查這本書的草稿，並且在相當有限的時間內，對本書的內容提出了非常有用的意見和誠實的回應，而這恰巧是我所需要的。

我親愛的丈夫賽斯（Seth），在我必須解決各種危機的時候總是陪伴著我，比如在我製作「改變清單」時爲我提供技術性的協助、在我做決定的時候推我一把、或是爲我加油打氣。賽斯，如果沒有你忠實的支持，並且對我的書寫和創作能力抱持毫無疑問且堅定不移的信心，我想我根本無法寫出這樣一本書。

用不著說，就是因爲有那麼多聰明的人針對這本書提出問題、觀察、回應、批評和建議，這本書才會那麼精采。

丹妮爾．迪托拉（Danielle DeTora）是心理醫師，她以心理學家的身分閱讀這本書並且給我回饋，因爲有她審慎地評估每個章節，這本書變得更具有說服力。

喬依思．戴維斯（Joyce Davis）是一名社工，她不只擔任我的讀者，也以治療師的身分爲我提供一些改善書稿所需的建議。喬安妮．謝夫納（Joanie Schaffner）也是社工，她對本書其中一個章節提出了非常重要且客觀的建議。

我很感謝我的經紀人麥可．艾保林（Michael Ebeling），他是那個會對我說「時候到了，再寫本書吧」，然後幫我找到達成目標的最佳方法的人。我還要謝謝塔比莎．摩爾（Tabitha Moore），她幫助我將本書的訊息傳遞出去給許許多多的人，這是我無法獨力完成的。

這本書還有兩大靈感來源，同時也是最重要的靈感來源，那就是我的孩子莉迪亞（Lydia）和艾撒克（Isaac）。因爲養育你們，我才知道有些問題是我從來不知道要問的，而這也讓我以一種從來不曾想像過的方式獲得成長。你們僅僅只是做自己，就讓我瞭解這個世界上最重要的東西是什麼。如果沒有你們，就不會有這本書。

最後，我要感謝我的父親，他過世到現在已經十五年。您在生前的最後一段日子對我說了七個字，播下了種子，關於「童年情感忽視」和它的威力，我最早的理解就是從這裡開始。我把您說的話放到這本書裡，希望它們也能爲他人帶來啓發，就像它們爲我帶來啓發一樣。

國家圖書館出版品預行編目（CIP）資料

童年情感忽視．實戰篇：長大後的我，如何和伴侶、孩子、父母，建立情感連結？/ 鍾妮斯．韋伯（Jonice Webb, PhD）著；張佳棻譯. -- 初版. -- 臺北市：橡實文化出版：大雁出版基地發行，2018.11
面：　公分
譯自：Running on empty no more : transform your relationships with your partner, your parents and your children
ISBN 978-957-9001-76-2（平裝）

1.兒童虐待　2.心理創傷　3.情感衝突

173.12　　107016535

BC1062

童年情感忽視．實戰篇：
長大後的我，如何和伴侶、孩子、父母，建立情感連結？

Running on Empty No More:
Transform Your Relationships With Your Partner, Your Parents and Your Children

作　　者　鍾妮斯．韋伯博士（Jonice Webb, PhD）
譯　　者　張佳棻
責任編輯　田哲榮
協力編輯　劉芸蓁
封面設計　斐類設計
內頁構成　歐陽碧智
校　　對　蔡函廷

發 行 人　蘇拾平
總 編 輯　于芝峰
副總編輯　田哲榮
業務發行　王綬晨、邱紹溢
行銷企劃　陳詩婷
出　　版　橡實文化 ACORN Publishing
　　　　　地址：10544臺北市松山區復興北路333號11樓之4
　　　　　電話：02-2718-2001　傳真：02-2719-1308
　　　　　網址：www.acornbooks.com.tw
　　　　　E-mail信箱：acorn@andbooks.com.tw
發　　行　大雁出版基地
　　　　　地址：10544臺北市松山區復興北路333號11樓之4
　　　　　電話：02-2718-2001　傳真：02-2718-1258
　　　　　讀者傳眞服務：02-2718-1258
　　　　　讀者服務信箱：andbooks@andbooks.com.tw
　　　　　劃撥帳號：19983379　戶名：大雁文化事業股份有限公司

印　　刷　中原造像股份有限公司
初版一刷　2018年11月
初版五刷　2021年 1 月
定　　價　380元
I S B N　978-957-9001-76-2